讲述文物故事

赓续历史文脉

刘斌 主编　刘佳君 著

书架上的博物馆
博物馆里的生僻字

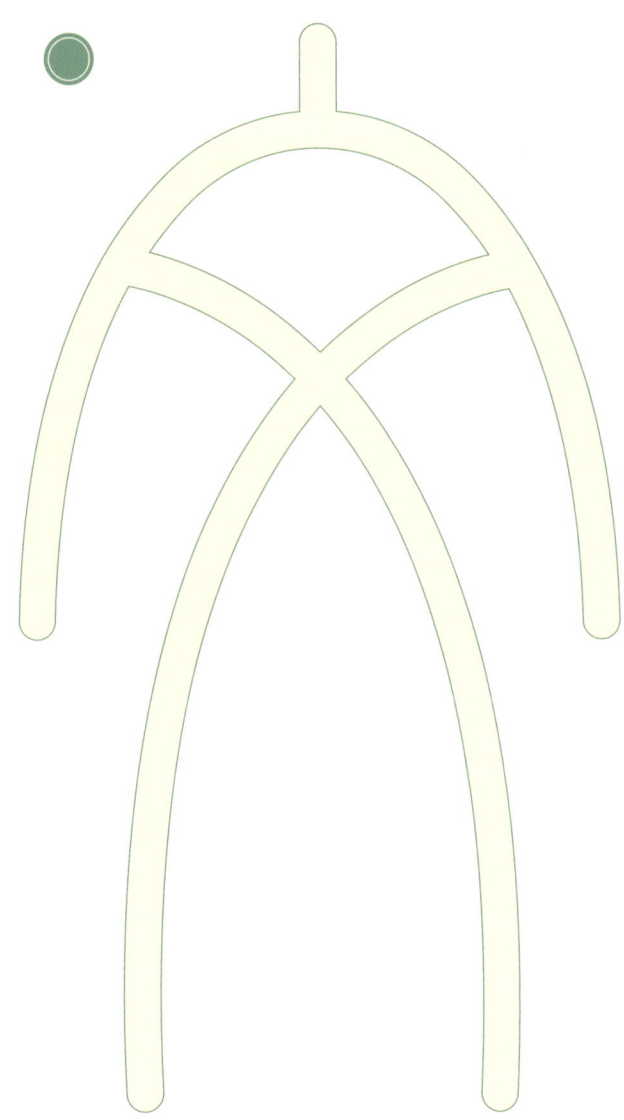

U0752778

浙江摄影出版社
全国百佳图书出版单位

编辑统筹：邱建国
责任编辑：刘　波
责任校对：王君美
责任印制：汪立峰

图书在版编目（CIP）数据

博物馆里的生僻字 / 刘佳君著 . -- 杭州：浙江摄影出版社 , 2024.3
（书架上的博物馆 / 刘斌主编 . 第一辑）
ISBN 978-7-5514-4560-3

Ⅰ . ①博… Ⅱ . ①刘… Ⅲ . ①文物—名词术语 ②汉字—生僻字—基本知识 Ⅳ . ① K86 ② H12

中国国家版本馆 CIP 数据核字（2023）第 100662 号

SHUJIA SHANG DE BOWUGUAN
书架上的博物馆
BOWUGUAN LI DE SHENGPIZI
博物馆里的生僻字

刘佳君　著

浙江摄影出版社出版发行
　　地址：杭州市体育场路347号
　　邮编：310006
　　网址：www.photo.zjcb.com
制版：沈阳留白文化创意传媒有限公司
印刷：浙江海虹彩色印务有限公司
开本：787mm×1092mm　1/16
印张：4.5
2024年3月第1版　2024年3月第1次印刷
ISBN 978-7-5514-4560-3
定价：39.80元

总序

讲述文物故事，赓续历史文脉

1921年安特生在河南渑池县仰韶村发现了以彩陶为特征的仰韶文化，从而成为中国考古开始的标志。此前，我们按照《史记》可以把中国的历史上推到距今约4000年的大禹治水，往前是三皇五帝的传说时代，再往前是女娲造人的神话时代。人类到底从何而来？始于何时？中华民族的历史始于何时？三皇五帝的传说可信吗？这种种问题困扰着我们。100多年来，中国四代考古人风餐露宿，用了不多的人力和财力，构建起了中国大地百万年的人类发展史和一万年的中华文化史，以及5000年的国家文明史。

考古学使书中的历史和传说，成为博物馆中那些看得见、摸得着的物质。如殷墟甲骨文和商代墓葬的发现，证明了司马迁于1000多年后在《史记》中记载的商朝是完全真实可信的。这是中国考古学所特有的视角与出发点，它以一种伟大的原动力推动着考古人和史学界去不断地追索，沿着这样的路不仅建立了物质文化层面的夏、商、周，而且往下一直到明、清，往上追溯到一万年前的新石器时代以来的各地区的文化谱系，以及100多万年以来中华大地上的人类发展史。

博物馆作为收藏、保护、展示、宣传人类文化和自然遗存的重要场所，沉淀着民族的文化精华。近年来，随着免费开放的进一步扩大及展览内容的精彩升级，博物馆日益融入大众生活，成为热门"打卡地"，也逐渐成为青少年朋友的"第二课堂"，发挥着越来越重要的文化教育作用。

但是由于时空的限制，大众能亲赴博物馆参观的仍在少数；而且由于一些藏品的唯一性，众多珍贵艺术品分散在不同的收藏机构，普通观众要想遍览这些文化艺术的精华几乎不可能。

浙江摄影出版社推出的"书架上的博物馆"丛书，邀请文博界、收藏界专家撰稿，以通俗平易的语言，讲述博物馆馆藏文物故事和某一专题方面的相关知识，配以大量精彩图片，组成一套有图有真相、有趣有"细料"的"纸上博物馆"图书，既可免除去博物馆参观的行脚之苦，又有专家学者"导览""解说"，实在是一套善莫大焉的"善"本好书！

博物馆是国民教育体系的重要组成部分，分布在全国各地的博物馆不仅是青少年获取知识、拓宽视野的重要场所，更是培养爱国主义精神和科学精神的历史课堂。博物馆丰富的资源，对塑造青少年的人文情怀和科学素养，培养创新思维和开放视野，具有无可替代的作用。"书架上的博物馆"丛书以青少年读者为中心，围绕民族复兴的时代主题，扎根中华文化的沃土，追踪最新考古成果，揭示国宝背后的历史故事和文化内涵，表达中华文化的博大精深和源远流长，将为赓续中华文脉注入固本培元、立心铸魂的思想力量。

刘斌
浙江大学艺术与考古博物馆馆长

序

《周易·系辞》载:"上古结绳而治,后世圣人易之以书契。"

我国上古没有文字的时候,古人靠结绳来记事。使用不同粗细的绳子,在上面结成不同距离、不同大小的结来记录不同的事情。沿着记忆的绳索,追溯每一个事件的不同绳结,或许可以依稀获知先民们的生活。然而,纵使绳结再繁复,也难以准确描绘事件的特点与细节,后人的解读或许已与结绳者的本意相去甚远。能更为精准地记录信息、承载意义的符号——文字,应运而生。

我国传说中第一个创造文字的人是仓颉[jié]。仓颉造的字是什么样子,并没有人见过。但通过考古发现,我们能够看到中国已知最早的成熟文字——甲骨文的样子。

甲骨文是自商代流传的文字,因为刻画或书写在龟甲、兽骨上而得名。比甲骨文稍晚出现的金文,是铸造在青铜器上的文字。秦统一六国后,小篆成为当时全国统一的书体。之后,汉字的书体经历了大篆、隶书、楷书、草书、行书等一系列演变,人们记录汉字的载体也从甲骨、青铜器等扩展到石头、竹木简、绢绸、纸张等多种材质。数千年间,无论有着怎样的书体变化,汉字始终沉默而忠诚地担当着记录者与见证者,将悠久的中华历史文化传承至今。

目前,世界上通行的文字中,表音文字占据绝大多数,汉字是唯一一种尚在日常交际中被广泛使用的表意文字。相比表音文字，表意文字往往蕴含着更加丰富的信息。陈寅恪先生曾说："依照今日训诂学之标准，凡解释一字即是作一部文化史。"在训诂学的基础上，本书结合考古学方法，从2013年国务院公布的《通用规范汉字表》二级和三级字表中，选择了日常生活中较为少见、但在博物馆中用于标示文物名称而常出现的十六个字，从每个字的字形、字义出发，结合所示器物的器形、器用，展现汉字所承载的习俗制度、文化传统以及中华文明之瑰丽多彩。

希望此书能够帮助读者认识这些所谓"博物馆里的生僻字"，由字及物，循物见史，以史鉴今。见字、见物、见人，见灿若星辰的中华文明，更见历久弥新的民族精神。

目录

一 —— 01
食器

- （一）鬲 [lì] / 01
- （二）甑 [zèng] / 06
- （三）甗 [yǎn] / 10
- （四）簋 [guǐ] / 14
- （五）盨 [xǔ] / 18
- （六）簠 [fǔ] / 21

二 —— 25
水器 / 酒器

- （一）盉 [hé] / 25
- （二）斝 [jiǎ] / 29
- （三）匜 [yí] / 32
- （四）卣 [yǒu] / 36
- （五）觥 [gōng] / 39
- （六）觚 [gū] / 43

三 —— 47
乐器

- （一）镈 [bó] / 47
- （二）钲 [zhēng] / 52
- （三）铙 [náo] / 56
- （四）铎 [duó] / 60

一 食器

（一）鬲 [lì]

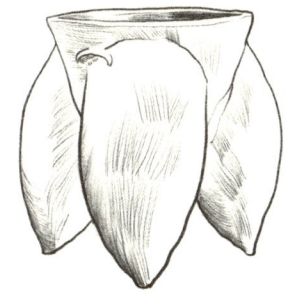
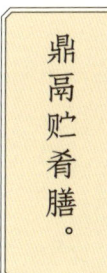
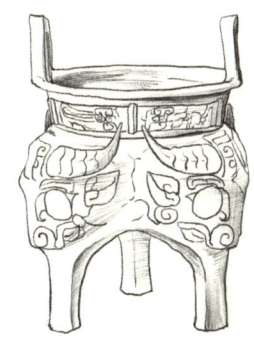

鼎鬲贮肴膳。

1."鬲"字古文怎么写

《说文解字注》中对"鬲"的解释是："鬲，鼎属。实五觳［hú］（古代量器，也作计量单位），斗二升曰觳。象腹交文，三足。"大意是说鬲的腹部大而深，有相交的纹路，下方以三足支撑。《尔雅》中记："款足者谓之鬲。""款足"指的是足内中空。所以文献中记载鬲的突出特征就是空足，是一种和食物有关的器具。

甲骨文和金文的"鬲"字都是以形表意的象形字，见字形就可以知器形。甲骨文中写作 ⿱、⿱、⿱、⿱ 等，生动描绘了鬲的轮廓形象：字形上部表现的是鬲敞开的器口，下部表现的是鬲的三个器足。西周及春秋时期的金文在表示器形的基础上，于字形中加入了"羊"，写作 、 、 、 、 、 等，表明了鬲炊煮食物的功能。有的又增加了"金"旁，写作 ，表明它由金属材质制成。之后"鬲"字的演变中，战国陶文写作 ，小篆写作 ，隶书写作 ，逐渐接近于现在的写法。

2.字源于物——"鬲"是什么样的器物

既然"鬲"字的字形表现的就是"鬲"这类器物的器形，那么真正的"鬲"这类器物是什么样的呢？

鬲是中国古代特有的一种器物，有的用陶土制成，称为"陶鬲"或"瓦鬲"；有的用青铜制成，称为"铜鬲"。无论是陶鬲还是铜鬲，基本形制都是圆口、深腹、三个袋状足。随着不同时代和地区的使用及审美变化，又被赋予了不同的形制、纹样和规格等差异。

产生于新石器时代的陶鬲，如苏秉琦先生所说："世界各地都没有见过类似器物，而在中国文化中，它的存在又特别普遍而长久。是中华文化的一种代表化石，对于追溯中华古文化和古文明的起源与流变具有特别意义。"

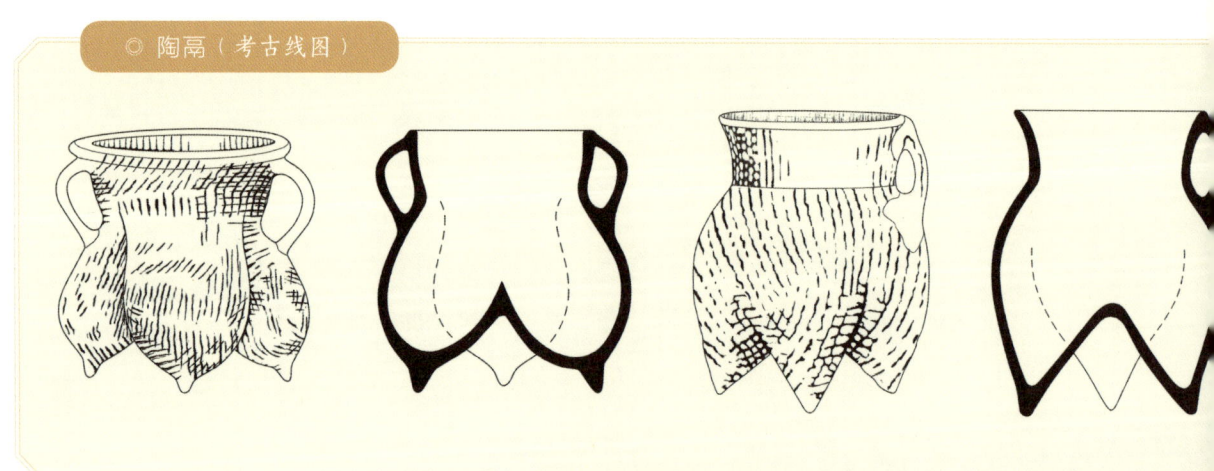

◎ 陶鬲（考古线图）

单把陶鬲　新石器时代
现藏宁夏博物馆

双鋬肥足陶鬲　新石器时代
现藏山西博物院

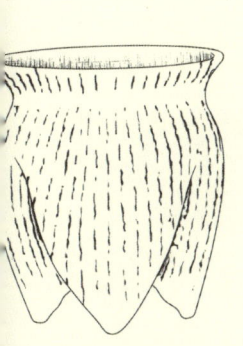

彩绘陶鬲　夏商时期
现藏内蒙古博物院

联裆陶鬲　西周时期
北京考古遗址博物馆
（琉璃河遗址馆区）

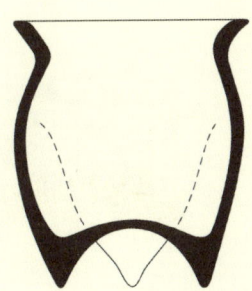 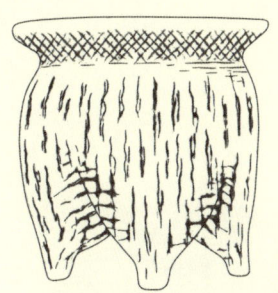 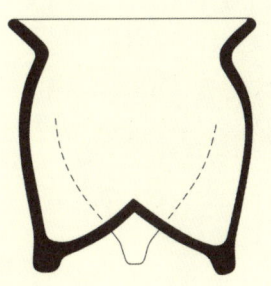

3.透物见史——"鬲"的用途与使用

鬲的发明是中国古代劳动人民智慧的结晶。鬲所自带的三足，既能够稳固支撑器身，又可以在下面直接加热。而与同样有三足的鼎不同的是：鬲的足部中空，且足部与腹部直接相连为一体，更有利于器身对热量的吸收。除了直接加热外，有的鬲带有双耳，能够被悬挂起来使用，《仪礼》中就有将鬲悬挂烹煮的记载。

青铜鬲是仿照陶鬲制作的，最早出现于商代早期，盛行于西周中期以后。与陶鬲功能相同，铜鬲也主要作为烹煮器使用，既可以烹煮粮食，又可以烹煮肉类。考古发现，部分铜鬲的内部存有兽骨等残留物，很多陶鬲底部还有烟熏痕迹，都证实了鬲的烹煮功能。除烹煮外，鬲在祭祀时也用于盛放进献的食物，还经常作为陪嫁媵［yìng］器（即女子出嫁时的嫁妆）。

青铜鬲常常成组出现。一组铜鬲的形制、大小、纹饰、铭文都基本相同。春秋战国之际，鬲多以偶数组合与列鼎同墓随葬，起着陪鼎的作用，一般用二或四件铜鬲和五件列鼎配合。战国晚期，青铜鬲逐

◎ 兽面纹铜鬲　商代
现藏安徽博物院

◎ 濒鬲　西周时期
现藏上海博物馆

◎ 单叔鬲　西周时期
现藏宝鸡青铜器博物院

◎ 杞伯双联铜鬲　春秋时期
现藏中国国家博物馆

渐从祭祀和生活用器的行列中消失。

4. 一字一物——伯矩鬲

伯矩鬲，是西周初期的一件青铜器，1974年出土于北京房山琉璃河遗址。它的全名是"牛头纹带盖伯矩鬲"，表明了这件器物最有代表性的三个特点：牛头装饰纹样、带盖、铸造者是"伯矩"。

伯矩鬲上饰有七个风格各异的牛头兽面纹，因此也被叫作"牛头鬲"。其中，盖钮是两个完全凸出于器表的圆雕式小牛头相背而立；盖面上铸有两个高浮雕式牛头，牛眼圆睁，牛口大张；三个浑圆的袋状足上又各装饰有一个浮雕牛头，长角上翘、大鼻突起。具有强烈的立体感，整个器形显得庄重霸气。

鬲的盖内和器身颈内壁分别铸有相同的铭文，盖内四行十五字、颈内壁五行十五字，属于器盖对铭的形式："才（在）戊辰，匽（燕）侯赐伯矩贝，用作父戊尊彝。"意思是：在某年某月戊辰这天，燕侯赏赐给了贵族伯矩一笔贝币，伯矩用它铸造了这件铜鬲，以此表示对父亲的纪念。铸造这件器物的"伯矩"，是当时燕国的贵族，"伯"表示排行，"矩"是他的私名，因此这件器物被命名为"伯矩鬲"。

◎ 伯矩鬲 西周时期 现藏首都博物馆

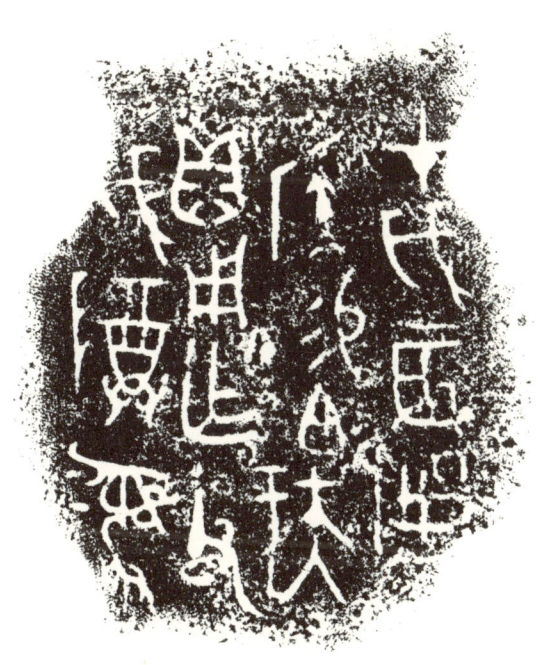

（二）甑 [zèng]

> 馨香出釜甑。

1. "甑"字古文怎么写

甑是形声字，左边的"曾"表示读音，右边的"瓦"表示这类器物最初用陶制成。石鼓文中"甑"写作 ，乍看有些复杂，但拆开来看就能轻松理解它的含义：上部是"曾"字，代表锅和锅盖；下部是"鬲"字，代表储水容器；左右两条弯曲的线条代表水加热产生的蒸气。整个字表示的就是蒸煮食物的场景。

"甑"原本写作"曾"，同样也表达了它作为蒸食器具的用途。甲骨文中写作 、 ，字的下部并非是"田"。"田"字本应为圆形，写作 ，而"曾"字中 为方形，其实代表的是甑底部的蒸箅。上面 代表冒出的蒸汽。两周时期金文中，在 的基础上，下面又增加了煮水的蒸锅形象，写作 、 、 、 、 、 等。

小篆"曾"的字形与金文一脉相承，虽略有变化，但造字原理仍在，写作 ，已经接近于现代写法。后来，由于"曾"字有多种引申意义，为了表示区别，在"曾"的右边增加了一个形旁"瓦"，专指炊具"甑"，写作 。

2. 字源于物——"甑"是什么样的器物

既然"甑"字的字形表现了"甑"这

类器物用来蒸食的用途,那么实物"甑"长什么样子呢?

对于甑的形制,《周礼》中有这样的记载:"甑实二鬴[fǔ](即"釜"),厚半寸,脣(即"唇",指甑口的边缘)寸,七穿。""七穿"是指甑的底部有七个孔。简单来说就是两个釜上下叠放,上面底部有七个开孔的就是甑。目前,考古出土的甑与文献记载基本吻合,都是底部开孔的盛[chéng]器。只是底部孔数不一,有的是单孔,有的是五孔,也有的超过七孔。而实际甑上半部的形制较文献记载更加丰富,不仅有釜形,还有盆形、钵形、罐形等多种造型。

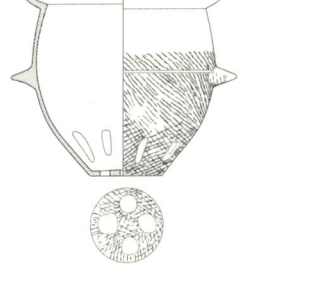
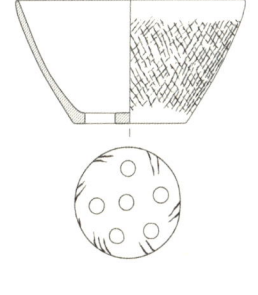

◎ 陶甑(考古线图)

◎ 铜甑　西汉时期
现藏桐乡市博物馆

◎ 灰陶甑　新石器时代
现藏洛阳博物馆

◎ 印纹硬陶甑　春秋时期
现藏长兴太湖博物馆

3. 透物见史——"甑"的搭配与使用

《说文解字注》中对"甑"的解释是:"甑所以炊蒸米为饭者,其底七穿,故必以箅蔽甑底,而加米于上,而馷〔fēn〕(就是蒸)之,而馏(就是加热)之。"可见,甑是一种底部有孔(称为"箅"〔bì〕),利用高温蒸气,将稻米蒸成米饭的器具,功能类似于现在的蒸屉。

在"蒸"这种烹饪方式出现之前,人类饮食主要靠的是炙〔zhì〕(烤)和煮。甑的出现使人们可以将谷物放入其中,再将甑放在鬲、釜等盛水的器物上面,水蒸气穿过甑底的小孔,将食物蒸熟,而不再需要像用鬲煮食物时的不停搅动。

甑的材质随着时间发展而不断改变。在新石器时代人们用的主要都是陶甑,商周时期出现铜甑,铁器出现后又有了铁甑,再后来又有了木质或竹质的甑。

◎ 铜甑(上部) 秦代
现藏荆州博物馆

◎ 铜甑(上部) 汉代
现藏吴文化博物馆

4. 一字一物——"好"汽柱铜甑形器

1976年，河南安阳殷墟妇好墓中出土了一件青铜汽柱甑形器，形似大盆，两侧有把手，口沿上有一周凹槽，应为放置器盖的接缝槽，时代为商代晚期。器物外壁还铸有鸟纹、夔［kuí］（近似龙的神兽）纹等精美纹饰。但有别于其他甑的构造，这件器物底部用汽柱代替了箅孔，在目前出土的铜甑类器物中仅此一件。

这件甑形器内部中央铸有一个中空透底的圆柱，柱头为立体的花蕾，花蕾表面有四个柳叶形的气孔。使用时，甑内盛食物，将其放在盛水的鬲或釜上，加热待水沸腾后，蒸汽可通过中空的圆柱和柱头气孔进入甑内；由于甑上加有严密的盖，能阻止蒸汽外泄，集聚的热量可以把甑内的食物蒸熟，又能保存汤汁，与今天的汽锅相似，被称为"最早的汽蒸铜锅"。再加上内壁有铭文"好"字，因此被命名为"好"汽柱铜甑形器。

◎ "好"汽柱铜甑形器　商代
　现藏河南博物院

（三）甗 [yǎn]

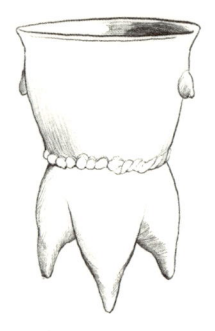
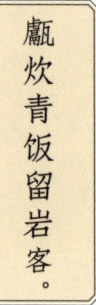

甗炊青饭留岩客。

1. "甗"字古文怎么写

《说文解字》中有"鬳"和"甗"两个不同的字。其中，对"鬳"的解释是："鬲属，从鬲，虍声。"而对"甗"的解释是："甗，甑也。从瓦，鬳声。"有研究认为这两个字的区别在于，所称呼的器物是否是一个整体。上甑下鬲合一的整体叫作"鬳"，甑和鬲分体但组合使用时叫作"甗"。

从字形上分析，甗字原本为象形字，后来发展为形声字。甲骨文中"鬳"写作 、 、 、 ，直观地表现出了这类器物上部蒸食、下部盛水的形象。商周金文中写作 、 、 ，在字形中容器上部又增加了蒸煮对象（即食物）的形象，更精准表达了它作为炊器的用途。后来，在战国简牍中写作 和 ，小篆中写作 ，与现代字形越来越接近。

2. 字源于物——"甗"是什么样的器物

虽然《说文解字》中记载"甗，甑也"，但二者实际为不同器物。无论是陶甗还是铜甗，都有上下联体和上下分体两种大的分类。其中，在上下分体的甗中，上半部分就是甑，下半部分则可以和鬲、釜等不同的容器组合使用。

《说文解字》中还提到"甗，一曰穿

也",意思是中间有一个穿孔。考古中发现,部分甗的内部的确有穿孔,做成箅用来通蒸汽,和甑的底部类似。但也有很多甗没有中间的箅,而是在甗腰内壁设有凸起的箅齿,可以另配活动的箅使用。

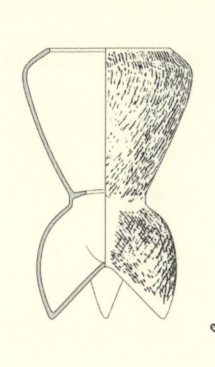
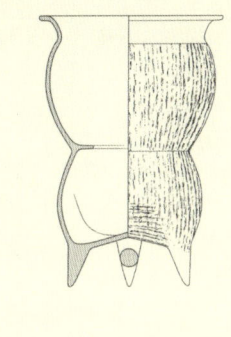
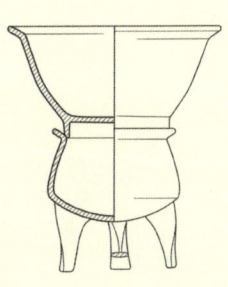

◎ 陶甗(考古线图)

◎ 夹砂红陶甗　新石器时代　现藏北京大学赛克勒考古与艺术博物馆

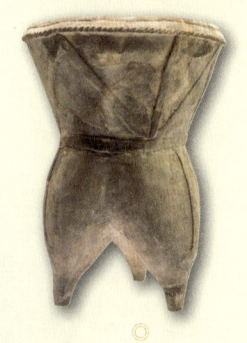

◎ 附加堆纹灰陶甗　夏代　现藏山西博物院

◎ 磨光压划纹黑陶甗　战国时期　现藏河北博物院

◎ 铜胎掐丝珐琅甗　清代　现藏中国国家博物馆

◎ 彩绘陶甗　西汉时期　现藏河南博物院

3. 透物见史——"甗"的功能与使用

《博古图》中记载："甗之为器，上若甑而足以炊物，下若鬲而足以饪物，盖兼二器而为之。"说的是甗上部像甑、下部像鬲，集合了两者的特点，兼具灶和锅的双重功能。甗的使用方法是在足部撑起的空间加热，下部盛水煮饭，上部放置颗粒状粮食，依靠下部沸水形成的蒸气将上部盛放的粮食蒸熟，口沿部位还可以加盖来集聚热量。考古出土的甗外底常见烟熏痕迹，内底常附着水垢痕迹，有的甚至内部还发现有人骨。

商代晚期至西周早期，青铜甗在贵族阶层中已有了较多使用。特别是西周末期至春秋初期，甗已经成为绝大多数铜礼器陪葬墓中的必有之器，和鼎、簋、豆、壶、盘、匜（或盉）组成一整套随葬礼器。到了东汉之后，甗逐渐消失。

◎ 母葵甗 西周 现藏上海博物馆

◎ 申五矩甗 春秋时期 现藏山西博物院

◎ 攸武使君甗 战国时期 现藏上海博物馆

◎ 妇好三联甗 商代 现藏中国国家博物馆

4. 一字一物——兽面纹鹿耳四足青铜甗

1989年，在江西新干大洋洲遗址出土了一件兽面纹鹿耳四足青铜甗。它通高105厘米，上部甑的口径为61.2厘米，重达78.5千克，时代为商代晚期。它是目前存世最大的青铜甗，有"甗王"之称。因两只立耳各站有一只鹿、兽面纹装饰，以及四足支撑这三个鲜明特点而得名。

兽面纹鹿耳四足青铜甗是甑鬲连体甗，束腰分界，内部没有箅。甑腹上部装饰四组环柱状角形兽面纹，鬲足袋面满饰浮雕的牛角兽面纹。这件青铜甗体形巨大，因此放弃了常见的三足样式，采用了稳定性更好的四足样式。除耳上立鹿外，整器一次浑铸成形，体现了商代青铜范铸工艺的杰出成就。

◎ 兽面纹鹿耳四足青铜甗　商代
现藏江西省博物馆

(四)簋 [guǐ]

> 陈馈八簋。

1. "簋"字古文怎么写

"簋"字并不是一开始就写成现在的样子，它的写法经过了从"皀"到"殷"，再到"簋"的变化。

在甲骨文中，"皀"字有 ✦、✦、✦、✦ 等多种写法，似盛东西的器物之形，上边盖有盖子，下边有底座支撑。之后在 ✦ 器形的基础上，右侧添加了 ✦（殳），像用手拿着匕匙，这就成为了甲骨文中的"殷"，有 ✦、✦、✦ 等几种写法，整体看上去就像是用手拿着勺在从盛器里取食物。

在两周金文中，除了继续沿用"皀"和"殳"结构，写作 ✦、✦、✦、✦、✦ 外，也有的字形在下部增加了表示器皿的"皿"，写作 ✦ 和 ✦。战国简牍中写作 ✦，与金文写法相近。

小篆延续了金文中 ✦ 和 ✦ 的写法，但删去了右侧 ✦ 的手持匕形，保留了下部 ✦ ✦ 的器皿形，同时在上部增加了 ✦ 头，表示有的材质为竹子，写作 ✦。隶书延续小篆写法，写作 ✦，逐渐变成了现代"簋"字的模样。

2.字源于物——"簋"是什么样的器物

从"簋"字最初的写法 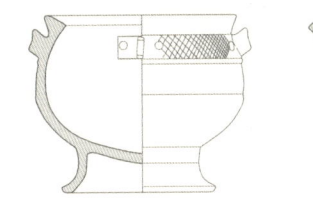 开始,就像一件盛东西的器皿,上边有盖、中间有腔、下边有座。那么"簋"这类器物是不是像文字表达的那样呢?

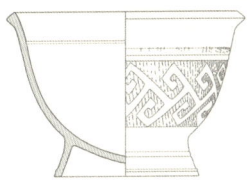

◎ 陶簋(考古线图)

按照《周礼》记载,簋是用来盛放粮食的一种圆形器,在祭祀礼

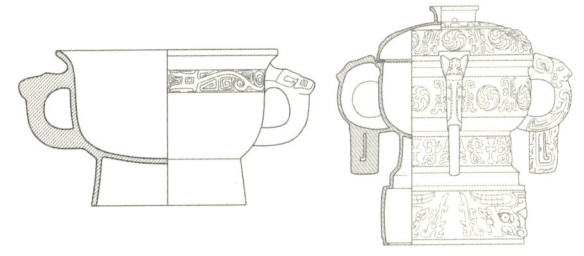

◎ 铜簋(考古线图)

仪中盛放的主要是黍稷等谷物。因此,簋可以理解为现代盛饭所用的碗。

虽然现代"簋"字为竹字头,但实际"簋"的制作材料有陶、铜、竹、木等多种,考古发现中陶簋和青铜簋的数量最多。一般来说,陶簋的器形比较简单,大多整体呈圆形,底部有圈足。铜簋则形态更多样,有的侧面有耳,有的顶部有盖,有的底部有圈足、方座或三足。

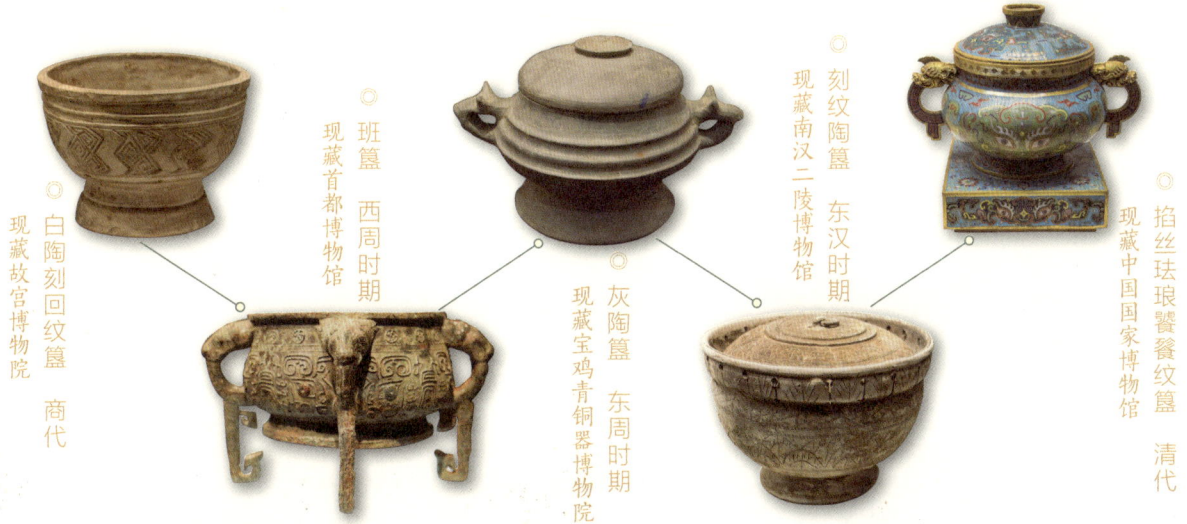

◎ 白陶刻回纹簋 商代 现藏故宫博物院

◎ 班簋 西周时期 现藏首都博物馆

◎ 灰陶簋 东周时期 现藏宝鸡青铜器博物院

◎ 刻纹陶簋 东汉时期 现藏南汉二陵博物馆

◎ 掐丝珐琅饕餮纹簋 清代 现藏中国国家博物馆

3. 透物见史——"簋"的使用与制度

商周之时，礼制盛行。鼎和簋一起构成了青铜礼器的核心。国家祭祀、贵族宴请，都要用到鼎和簋。其中，鼎主要用来盛放肉食，簋主要用来盛放饭食。

根据鼎和簋的数量、大小、具体盛放食物的种类等差别，西周时期形成了一套完整且严格的使用制度，称为列鼎（列簋）制。此制指的是形制和纹饰相同、大小相同或相次的一组鼎（簋），不同级别可以使用的数量不同：天子用九鼎八簋，诸侯用七鼎六簋，大夫用五鼎四簋，士只能用三鼎二簋。

到了东周时期，天子式微，礼崩乐坏。列鼎（列簋）制也受到了冲击，使用上没有了以往的严格限制，常有诸侯王僭[jiàn]越（越级使用）、或经周天子批准加等（提高等级使用），也能配置原来天子才能使用的九鼎八簋。

◎ 兽面纹铜簋　商代
现藏上海博物馆

◎ 秦公簋　春秋时期
现藏上海博物馆

◎ 曾侯乙墓九鼎八簋　战国时期　现藏湖北省博物馆

4. 一字一物——利簋

利簋，1976年出土于陕西临潼，是目前发现的西周时期最早的青铜器，因器身上的铭文记载了甲子日清晨武王伐纣的历史事件，又名"武王征商簋"。

利簋形制为圆形双耳方座簋，器身和方座装饰饕餮［tāo tiè］纹（图案化的兽面纹），方座平面四角装饰蝉纹。器内底铸铭文四行三十三字，记："武王征商，惟甲子朝［zhāo］，岁鼎。"意思是武王伐纣战役发生在某年"甲子"日的早晨，那天"岁"星（木星）正当中天。根据铭文中历法和星象的记载，再结合天文、文献、科技测年等方法，夏商周断代工程的专家计算出武王伐纣发生于公元前1046年。制作这件铜器的人名叫"利"，他随武王参加战争，胜利后受到奖赏，铸造了这件铜簋来记功并祭奠祖先，因此这件器物被命名为"利簋"。

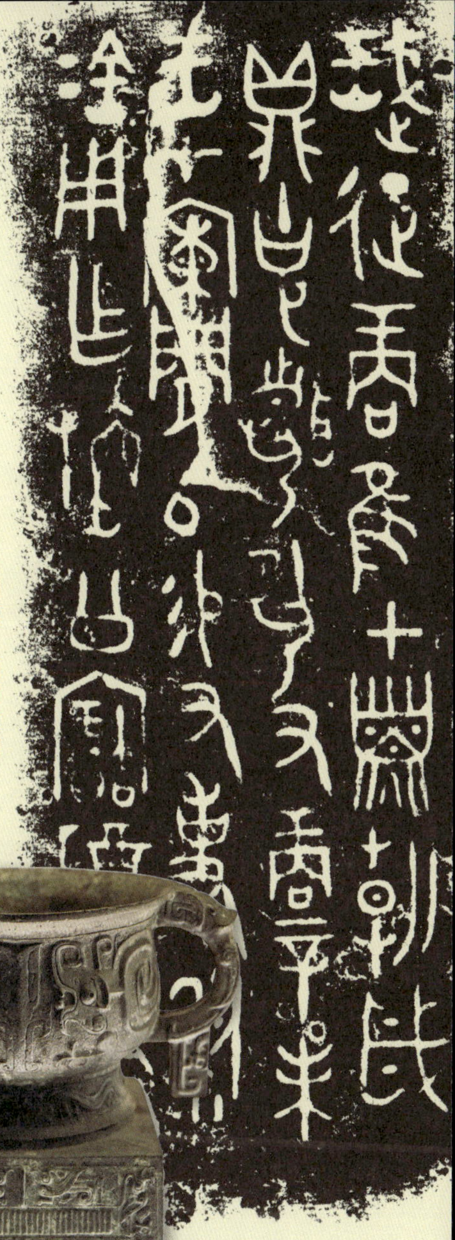

◎ 利簋 西周时期 现藏中国国家博物馆

（五）盨 [xǔ]

> 盨，负戴器也。

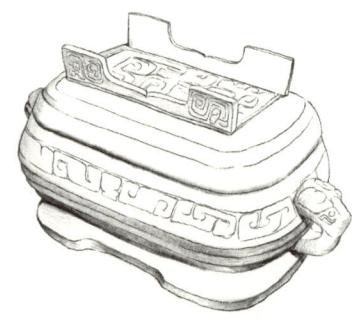

1. "盨"字古文怎么写

《说文解字》中对"盨"字的解释是"负戴（此处相当于"载"）器也"，意思是一种负载器物的用具。两周时期金文中写作 ❋、❋、❋、❋ 等，在标明读音的"须"字基础上，要么增加"金"表示材质，要么增加"皿"表示功能。小篆沿用"须"和"皿"的组合，写作 ❋。

2. 由字到物——"盨"是什么样的器物

与"鬲""簋"等明确指代某类器物的字不同，"盨"在古代并非专指某一类器物的名称。我们现在称为盨的这类器物，主要是根据它们在铭文中的自名（即铭文中直接出现的器物名称，自己写明是哪种器物）而将其命名的。

目前发现的盨多为铜质。铜盨的形制接近于铜簋，只是不同于簋的圆形器身，盨通体为圆角长方形，顶部都有器盖，

铜盨（考古线图）

◎ 伯多父盨　西周时期
现藏宝鸡市周原博物馆

◎ 蟠虺纹铜盨　春秋时期
现藏安徽博物院

◎ 红陶盨　战国时期
现藏河北博物院

◎ 青玉灵芝活环耳盨　明代
现藏武汉博物馆

底部有圈足或四足。盨盖顶部常有四个矩尺形或环形的器钮，有的也做成圈足形的捉手（抓手）。较晚期的盨盖及器的口沿多装饰有窃曲纹（两端回勾的横向S形纹饰）或重环纹（多重圆环纹）带，盖顶部与腹部多装饰瓦纹（平行的凹槽纹样，如同屋顶的瓦）。

3. 透物见史——"盨"的使用与功能

从目前已知的材料看，青铜盨的流行时间较短，最早于西周中期时出现，在西周晚期时流行，进入春秋早期后则已不多见。

不同于殷商时期重视酒文化，西周时期更重食文化。部分铜盨铭文中自述其用于盛放稻粱（谷物的总称）。还有些铜盨自名为"盨簋"或"簋"，所以多认为盨与簋的用途相同，都是盛放黍稷等谷物的盛食器，并且盨的产生主要受到簋的影响。铜盨的器盖上多带有钮或捉手，使用时将盖内向上仰面放置，盖顶的钮或捉手就成了支撑器盖的足，使得盖内也能盛放食物。

◎ 晋侯对簋　西周时期
　现藏上海博物馆

◎ 伯吴盨　西周时期
　现藏中国国家博物馆

从器主身份来看,铜盨的使用者最高等级是诸侯国国君,最低等级也是中等贵族。从器物组合来看,多在鼎簋成比例配置的食器组合中用来搭配使用。同时,在铭文中常见"旅盨""行盨""遣盨"的称呼,说明盨常在行旅和征伐时被携带。

4. 一字一物——召伯虎盨

召伯虎铜盨,1993年发现于河南洛阳北窑西周晚期贵族墓。不同于常见的圈足式盨,这件铜盨做成了柱状足。盨的内壁刻有铭文"召伯虎用作朕文考",证实这件器物是西周晚期名臣"召伯虎"祭祀亡父用的器物,因此被命名为"召伯虎盨"。

《史记》记载,周夷王死后,周厉王继位。周厉王为政暴虐,不允许国人当街发表言论。因此,人们在路上碰到熟人也不敢相互交谈,只能用眼色示意一下,便匆匆地走开。这便是成语"道路以目"的由来。随后召穆公净谏"防民之口,甚于防川",但周厉王仍置若罔闻。

公元前841年,国人暴动,周厉王出逃,西周开始了"周召共和"时期。"周召共和"是我国历史有确切纪年的开始。在《史记》等文献记载中,认为"周召共和"是周公和召公共同执政。其中,召公即召穆公,也就是这件盨的主人——召伯虎。

◎ 召伯虎盨　西周时期
　现藏洛阳博物馆

(六)簠 [fǔ]

❀❀❀❀❀

> 豆笾分左右，
> 簠簋辨圆方。

1. "簠"字古文怎么写

在《说文解字》中不见"簠"字，仅有"㬅"字，青铜器铭文中写作 ᶘ。而两周金文中可能与"簠"字有关的字体有不下十种，如 ᶘ、ᶘ、ᶘ、ᶘ、ᶘ、ᶘ、ᶘ、ᶘ 等。其中，ᶘ 的写法最为常见，内部的"古"表读音，外面的 ᶘ 表用途。

在上古音中，"古"与"胡"读音相同，因此 ᶘ、ᶘ、ᶘ、ᶘ 都同"胡"字声韵对应。《说文解字》中记："匚 [fāng]，受物之器，象形。"段玉裁注："此其器盖正方，文如此作者，横视之耳。"意思是"匚"是一个象形字，代表着方正的、盛放器物的用具，将器物横过来看的话就是"匚"的样子。

小篆中则既有"㬅"字又有"簠"字，分别写作 ᶘ 和 ᶘ。

21

2. 由字到物——"簋"是什么样的器物

关于"簋"的形制自汉代以来就有两种截然不同的观点。《说文解字》中说:"簋,黍稷圜器也。"《周礼》郑玄注曰:"方曰簠,圆曰簋,盛黍稷稻粱器。"争论的焦点在于簋到底是方形器还是圆形器。

宋代以来,支持簋为方形器的学者更多,认为青铜簋的特点就是长方形,斗状,器与盖形状相同并能相互扣合。

近年来,支持簋为圆形器的学者提出,以往定名为"簋"的器物应当根据其自名而定名为"盨",即文献中的"胡"(或"瑚")。而实际的"簋"应当是上部为浅腹圆盘、下部为喇叭形镂空柄座,类似"豆"的器物。此类器物原本在《考古图》中称为"铺"。

本书下文所指"簋"仍沿用约定俗成的旧说,即方形斗状器。

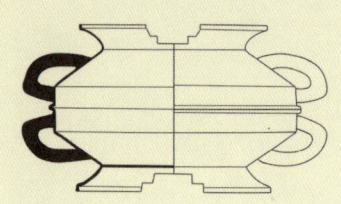
◎ 铜簋(考古线图)

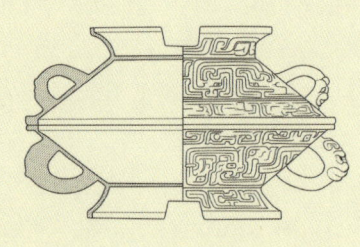

◎ 史尸簋　春秋时期　现藏上海博物馆

◎ 仿铜陶簋　战国时期　现藏山东省博物馆

◎ 木金漆簋　清代　现藏故宫博物院

◎ 黄釉仿太公作簋　清代　现藏常熟博物馆

◎ 重环纹铜铺(簋)　西周时期　现藏中国国家博物馆

◎ 透雕波曲纹铜铺(簋)　春秋时期　现藏上海博物馆

3. 透物见史——"簠"的用途与使用

关于簠的用途，文献中多有记载："进稻粱者以簠。""簠，稻粱器也。"可见，虽然文献中对簠的形制有争议，但对它的用途则十分肯定，就是用来装盛黍稷稻粱等谷物的器物。此外，有多件簠的铭文中记载了"用盛稻粱"，甚至考古发掘中还曾在铜簠内真实发现有粟米、稻米等食物遗存，更是进一步的佐证。

簠由上下对称的两部分组成，大小、形状一致，盖合为一体，分开则可作两件器皿使用。

和盨一样，簠的产生也深受簋的影响。铜簠与铜盨都出现于西周中期，但不同于盨衰落于春秋早期，簠一直流行至春秋早中期至战国时期，战国末期时逐渐消失。进入春秋时期之后，铜簠的形态逐渐与盨接近，鼎、簠、盨的铜器组合也逐渐增多。春秋战国之交至战国早中期，作为仿铜陶礼器的陶簠多有出现。

4. 一字一物——伯公父簠

伯公父簠，1977年出土于陕西扶风。因做器者为"伯公父"而得名。铭文中簠

◎ 曾侯乙墓铜簠　战国时期
现藏湖北省博物馆

◎ 子季嬴簠　春秋时期
现藏湖北省博物馆

◎ 鄀姜簠　西周时期
现藏南阳市文物考古研究所

自名为𠤳，将文献中的"胡"（或"瑚"）与常见铭文中的𠤳，以及《说文解字》中的"𥁬"联系在了一起，佐证了原来定名为"簠"的器物，应当是"胡"（或"瑚"）的观点。

伯公父簠分为器盖和器身两部分，此两部分均为口大底小的斗状，可以用中间的牛首扣卡合起来。腹部的环带纹为主体装饰，口沿饰重环纹，与圈足的重鳞纹相协调，具有典型的西周晚期青铜器特征。

簠的器底与盖各有十行铭文，内容相同，表明了制作这件器物的目的，即用来盛置稻粱等供品以祭享祖先神灵，并绍继卿士、君王及宗族诸老、诸兄的美德，希望能够保佑拥有者长寿多福。此外，铭文中还提到了用于制作铜器的原料及颜色。

◎ 伯公父簠 西周时期
现藏宝鸡市周原博物馆

水器 / 酒器

（一）盉 [hé]

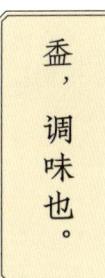
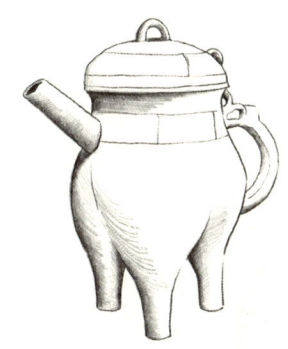

盉，调味也。

1. "盉" 字古文怎么写

《说文解字》中说："盉，调味也。从皿，禾声。"

西周金文中 "盉" 有 ⚲、⚲、⚲、⚲、⚲ 等多种写法。其中，⚲ 应当为盉的象形本字：字左侧的线条斜向前伸，为盉前侧流口的象形，突出了盉用来倾注酒水的特点；字后侧为器物把手的象形，整个字形已近似于盉的基本造型。此后，在表现器形的基础上，又增加了 ⚲，也就是 "禾"，作为声符表示读音，构成了形声字。也有研究认为，"禾" 在这里代指以粮食酿造的酒，表示盉具有盛酒调酒的功能。

此外，另一种的写法，在左侧表示器形的基础上，右侧代表"手"拿"禾"伸入器物中搅拌，可能体现的就是《说文解字》中的调味、调和的意思。

春秋时期金文中，又增加了"金"表示材质，写作和。到小篆时已接近于现在的写法了，上半部分是"禾"，下半部分是"皿"，写作。

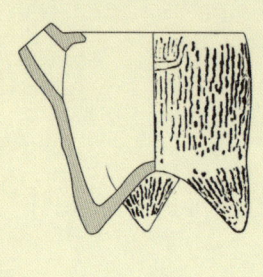
◎ 陶盉（考古线图）

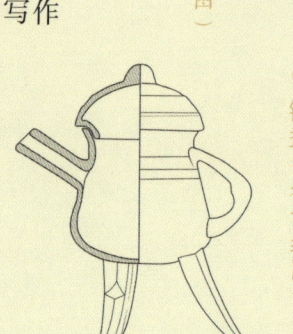
◎ 铜盉（考古线图）

2. 字源于物——"盉"是什么样的器物

"盉"的古字字形已经生动表现了它的器物特点，那么实物盉的器形与字形表达一样吗？

目前发现的盉的制作材质主要是陶和铜。基本形制

◎ 灰陶盉　新石器时代　现藏内蒙古博物院

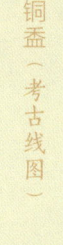
◎ 白陶盉　夏代　现藏洛阳博物馆

◎ 蟠龙纹铜盉　西周时期　现藏河南博物院

◎ 曾侯谏铜盉　西周时期　现藏湖北省博物馆

◎ 带盖提梁铜盉　春秋战国时期　现藏镇江博物馆

◎ 原始瓷提梁盉　春秋战国时期　现藏中国财税博物馆

◎ 青花八吉祥纹盉　清代　现藏上海博物馆

是圆口、深腹,前有管状长流,后有鋬[pàn]手(把手),有的上部有盖,有的下部有三足或四足。其中,陶盉产生于新石器时代晚期;铜盉出现于二里头夏文化时期,最初为仿制陶盉制作,主要流行于商周时期,至汉代仍有使用。

3.透物见史——"盉"的功能与使用

关于盉的功能,有人认为和食物有关,属于食器,用来制作食物或者调味;有人认为和酒有关,属于酒器,用来盛酒、加热酒,或者往酒里加水来调节酒的浓淡;有人认为和水有关,属于水器,用来盛水、倒水;也有人认为既能当作酒器也能当作水器。

从盉的形制来看,除早期少量大口、袋足的盉与鬲的外观相近,有的底部也有烟熏痕迹,可能与食物加工有关外,其余绝大多数盉口小、腹大、流细长的器形特点都不利于食物的放入与取出,应当就是酒器或水器。

结合盉的考古发现情况来看,作为酒器的盉常与斝、爵、角、尊、觯、壶、觚、杯等共同出现,而作为水器的盉则常与盘一同出现。

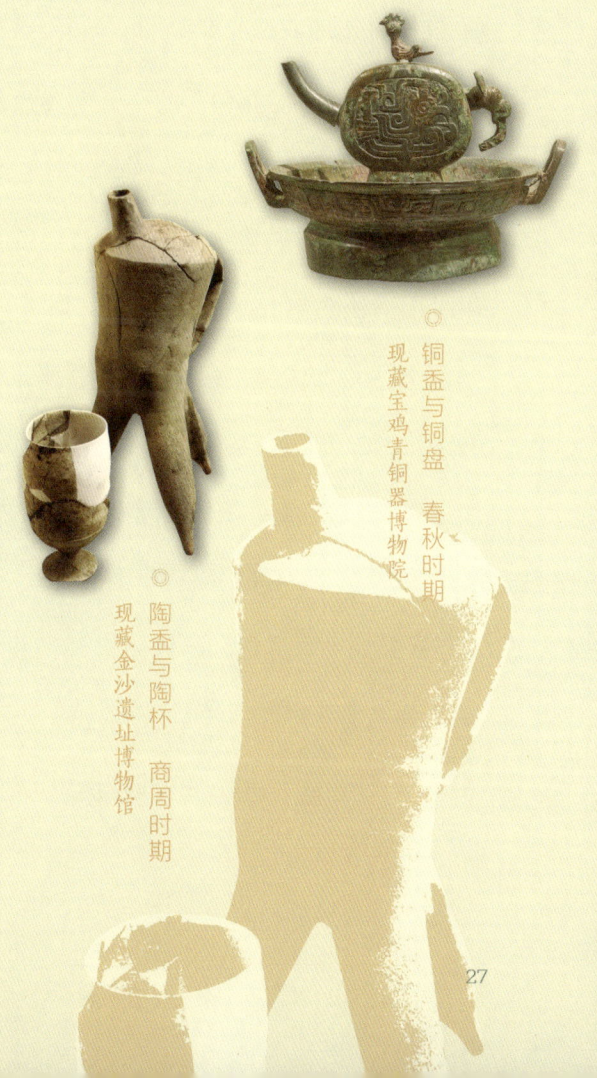

◎ 铜盉与铜盘 春秋时期 现藏宝鸡青铜器博物院

◎ 陶盉与陶杯 商周时期 现藏金沙遗址博物馆

◎ 黑陶盉 新石器时代 现藏上海博物馆

◎ 彩陶盉 新石器时代 现藏中国国家博物馆

4. 一字一物——克盉

克盉，又称太保盉，1986年出土于北京房山琉璃河遗址，时代为西周初期。

克盉是西周时期盉的代表性器物。形制上器盖有环链与兽首鋬手相连，盖钮两端各有一对儿兽面纹，盖沿及颈部均以云雷纹为地纹（即主体纹饰的衬地），装饰有四组长尾凤鸟纹。盖与器口内壁各铸有四十三字相同铭文，大意是：周王任命"克"做燕地的诸侯，克到达燕地，平定叛乱，接收了土地和民众，为纪念此事做了这件祭祖的器物。

铭文中的"克"是辅佐周武王灭商的召公奭［shì］的长子，也是第一代燕侯、北京城的第一位城主。

召公虽受封燕地，但因要继续留在西周都城辅政，便让嫡长子"克"到燕地就封。"克"为了纪念这次册封铸造了这件铜盉（同时还制作了一件铜罍［léi］，也一同出土），因此这件器物被称为"克盉"。

◎ 克盉 西周时期 现藏首都博物馆

（二）斝 [jiǎ]

或献或酢，
洗爵奠斝。

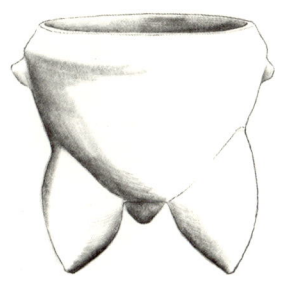

1."斝"字古文怎么写

甲骨文中斝写作 、 、 。从字形上看，口部没有"盉"的流而有双柱，下部有足（甲骨文中三足的器形也常简单写成两足），为一容器形状。金文中写作 ，将二柱和三足精简到极致。演变至小篆时写作 ，将双柱改为双口，下用"斗"字表示斝的容纳作用。

2.字源于物——"斝"是什么样的器物

根据铭文中直接称呼自己为"斝"的器物看，这类器物的基本特征是长颈鼓腹、三足多中空，侧面有鋬手，口部几乎都有立柱，与甲骨文和金文中的字形很接近。

常见斝的材质主要是陶、铜两类。其中，陶斝产生于新石器时代，一般认为它的出现标志着仰韶时代的结束和龙山时代的到来。根据腹部形制的不同，可以分为釜形斝、罐形斝、盆形斝等，陶斝的使用一直延续至商代和西周早期。

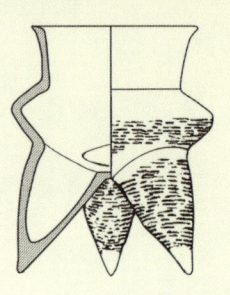
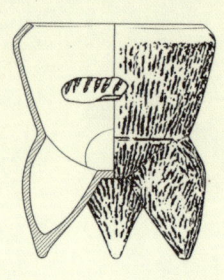

◎ 陶斝（考古线图）

◎ 附加三角堆纹双身斝　新石器时代
现藏中国国家博物馆

◎ 折腹陶斝　新石器时代
现藏山西博物院

◎ 单把灰陶斝　夏代
现藏郑州市博物馆

◎ 兽面涡纹斝　商代
现藏上海博物馆

◎ 兽面纹斝　商代
现藏中国国家博物馆

◎ 册方斝　商代
现藏故宫博物院

铜斝最初是仿照陶斝制作而来，最早产生于二里头夏文化晚期。到商代中期，又开始大量出现作为仿铜陶礼器的陶斝，器形与新石器时代的陶斝多有不同。

3. 透物见史——"斝"的功能与使用

陶斝最初产生时多用夹砂陶制作。夹砂陶能够耐高温，直接置于火上加热而不用担心损坏。考古发现时有些斝腹底部和三足外侧多带有烟灰，内壁多残留水垢，证明它应当用于加热食物。但因为斝足相对瘦长，内部空间狭小，难以快速清洗，因而不太可能像鬲一样用来炊煮颗粒状食物，更可能用于炊煮块状食物（肉等）或温烧液体（水、酒等）。

关于铜斝的使用，文献中有明确记载。《周礼》记载："裸[guàn]（即裸礼）用斝彝、黄彝。"《礼记·明堂位》："灌尊。夏后氏以鸡夷，殷以斝，周以黄目。"意思都是说铜斝是古代用于裸礼的一种器具。裸礼又称裸祭，是一种将酒灌倒到地上来祭祀祖先的礼仪。

商代重视酒文化，铜斝除了作为礼器被用于宗庙祭祀外，在贵族宴请宾朋时，也常与铜爵和铜觚[gū]，或与铜尊配套使用，用于温酒或盛酒。

兽面纹铜斝　商代
现藏上海博物馆

铜斝与铜爵　商代
现藏湖北省博物馆

4. 一字一物——连珠纹铜斝

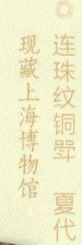

连珠纹铜斝　夏代
现藏上海博物馆

铜斝最早出现于二里头夏文化晚期。早期的铜斝多为素面平底或微圜底，造型古朴，少有纹样装饰。而这件现藏于上海博物馆的夏代晚期连珠纹铜斝，向我们呈现的就是铜斝产生初期的样子。

这件连珠纹铜斝为敞口、束腰、鼓腹、圜底，锥状三空足与腹部相通，口沿双矮柱，柱帽扁平，颈部饰弦纹和连珠纹，造型与花纹均质朴而简单，是青铜容器萌生时期的特有风貌。

在后世商周青铜器中，弦纹和连珠纹是基础的辅助纹饰，而在早期青铜器中，弦纹以及凸起小乳钉组成的连珠纹则是主要纹饰。这件青铜斝也因为这样的纹饰而被命名为"连珠纹铜斝"。

（三）匜 [yí]

> 奉持巾匜事盥栉。

1. "匜"字古文怎么写

《说文解字》中对"匜"的解释是："似羹魁（汤勺），柄中有道，可以注水。从匚，也声。"意思是"匜"的外观像汤匙，柄中有开槽，能够用来注水。在字的结构中，"匚"表示外形，"也"表示读音。

在青铜器铭文中，"匜"多写成"也""鉈"等。西周金文中写作 🧿、🧿、🧿、🧿。其中，🧿 是"也"（亦是"它"）的金文写法，又似流水向下倾倒注入之形。而 🧿 则像器物使用之形，前有流，后有鋬，下有圈足，用以流水。春秋时期金文中写作 🧿、🧿、🧿、🧿，在 🧿 的基础上，增加"皿"表示容器的用途，或增加"金"表示容器的材质。小篆写作 🧿，形旁变成了"匚"，也表示盛、装，与现代书体结构相同。

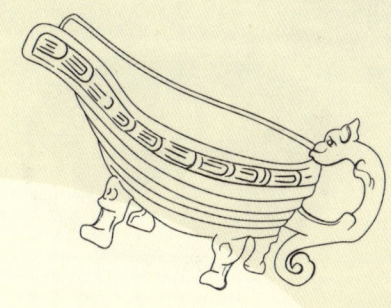
◎ 铜匜（考古线图）

2. 由字到物——"匜"是什么样的器物

匜在新石器时代就已经出现，最初为陶质。后来出现了青铜、原始瓷、漆、金银、瓷等多种材质。其中，以青铜匜的数量最多。但无论材质如何变化，匜的外观形制变化不大，腹部横截面呈圆形或椭圆形，腹身类似于瓢，前都有流，有的后部有把手，有的底部有三足、四足或圈足。

◎ 曾伯宫父匜　春秋时期　现藏中国国家博物馆

◎ 金匜　明代　现藏首都博物馆

◎ 原始瓷青釉匜　战国时期　现藏浙江省博物馆

◎ 龙柄方形涂朱陶匜　东汉时期　现藏定州博物馆

◎ 蓝釉描金折枝花卉纹匜　元代　现藏故宫博物院

◎ 鎏金银匜与银盘 唐代 现藏陕西历史博物馆

◎ 铜匜与铜盘 春秋时期 现藏湖北省博物馆

3. 透物见史——"匜"的功能与使用

《左传》中记："奉匜沃盥 [guàn]。"杜预注："匜，沃盥器也。"意思是捧着匜浇水冲洗双手。而《礼记》中郑玄注："匜，盛酒浆之器。"可知，匜大概既能作为洗手的盥洗器，又能作为盛酒的酒器。

在青铜匜的铭文自名中，除了旅匜、行匜、征匜、媵旅匜、会匜等形容匜的使用场合外，还有盘匜、盥盂、宝盉、饮盉等多种称呼。由此可知，铜匜常与铜盘相配合，与盉的作用有些重合，除用于祭祀宴饮礼仪外，也常用于旅行携带和作为陪嫁品（即媵器）。

4. 一字一物——倗 [zhèn] 匜

倗匜，西周晚期青铜器，1975 年出土于陕西岐山董家村。倗匜造型奇特，纹饰精美，虎头、平盖、羊蹄形足，口沿下饰窃曲纹，腹底和盖铸有铭文，共计一百五十七字，记载了西周晚期判处的一起案例，内容涉及鞭刑、墨刑和赎刑，是中国现存最早、最完整的一篇诉讼判决书。

铭文大意是，西周末期某年三月甲申这一天，一个叫牧牛的人状告他的上司朕，最初判官伯扬父定牧牛为诬告罪，判决要赔五个奴隶给朕，并且要鞭打牧牛1000下，同时处以墨刑（脸上刺字涂墨的刑法）。牧牛为了减轻惩罚，给伯扬父送了赎金3000锾钱（相当于2000两银子），于是伯扬父便改判鞭打牧牛500下，取消墨刑，并让牧牛当场立誓永不再告。牧牛起了誓，挨了打，受了罚，在有关官吏的参与下了结此案。朕打赢了这场官司，得到了铜，为彰显胜诉，就用此铜铸造了这件匜。

○ 朕匜 西周时期 现藏宝鸡青铜器博物院

（四）卣 [yǒu]

> 金石奏广庭，
> 秬鬯扬清卣。

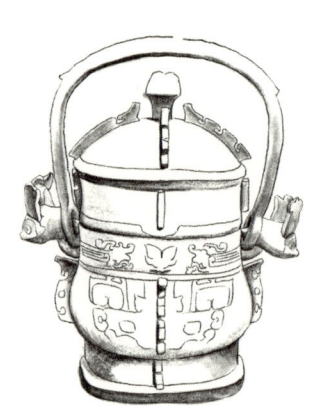

1."卣"字古文怎么写

卣字不见于《说文解字》，但在甲骨卜辞、金文以及其他先秦文献中都能见到。甲骨文中写作 ◊、◊、◊、◊，西周金文中写作 ◊、◊、◊、◊，常用作鬯[chàng]酒的单位，如鬯三卣、鬯五卣。鬯酒是古代专门用于祭祀的一种香酒，"卣"就是专盛鬯酒的酒器。

虽然《说文解字》中没有"卣"字，但有相近的卥字，对卥字的解释是："草木实垂，卥然象形。"意思是草木果实垂下的样子。因此，"卣"的本字或就写作◊，本义为果实，后来在◊下部加丫或凵表示容器，形似圆瓠[hù]（长圆形果实，属葫芦的变种）形酒器。小篆的"卣"字写作◊，可以看出它和金文以及《说文解字》的传承关系。

2.由字到物——"卣"是什么样的器物

"卣"虽是先秦酒器名，但目前发现的青铜器并没有在铭文中自名为卣的。将青铜器中某一具体器类定名为"卣"始于宋代金石学图录。这类器物的基本特征

◎ 陶卣　商代
现藏中国社会科学院考古研究所

◎ 原始瓷云雷纹卣　春秋时期
现藏浙江省博物馆

◎ 夔纹玉提梁卣　明代
现藏南京市博物馆

◎ 掐丝珐琅兽面纹提梁卣　清代
现藏故宫博物院

是敛口垂腹，颈部两侧有提梁，上有盖，下有足。在具体形制上有筒形卣、罐形卣、方体卣、鸟兽形卣等多种式样。

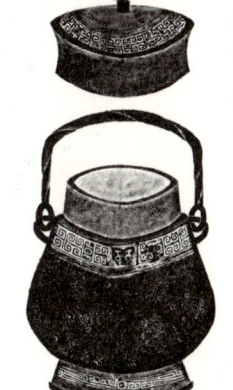

◎ 铜卣（拓片）

铜卣出现于商代中期，商代晚期至西周早期盛行，西周中期以后逐渐衰落。明清时期复古风盛行，出现玉、瓷等材质的卣。

3. 透物见史——"卣"的用途与使用

1978 年，河北元氏县西张村西周墓出土的铜器中有一对儿叔䚄〔quán〕父卣，卣的铭文记载："余兄为女(汝)兹小郁彝。"意思是"兄长我为你做了这件小郁彝"，可知这件铜卣自称"郁彝"。"彝"在古代青铜器中常作为祭祀礼器的泛称，而"郁"则是"郁鬯"的简称。鬯是一种用黑黍酿造、味道香醇的酒，郁鬯则是在鬯

◎ 小臣系方卣　商代
现藏上海博物馆

◎ 神面铜卣 西周时期 现藏保利艺术博物馆

◎ 铜卣和铜尊 西周时期 现藏湖北省博物馆

酒中添加郁金草来调和酒味以使其更加香浓。从叔趯父卣自名"郁彝"证实了它盛装鬯酒的用途，与甲骨卜辞、金文及先秦典籍所见卣的功用相同。

作为酒器，铜卣在商周时期常与铜尊组合使用，同一墓葬中出土的尊和卣常常铭文内容相同，纹饰风格也一致。

4. 一字一物——鸮[xiāo]卣

卣一般都有提梁，为了避免单手提拿时酒水洒出，常常制作成大腹、小口、矮颈的形状；有些还做成鸟兽的形状，小巧可爱，如这件现藏于山西博物院的鸮卣。

鸮是古代对猫头鹰一类飞禽的称呼。这件鸮卣1956年出土于山西石楼，是一件商代铜器。两只小鸮相背而立，器盖为两只鸮的头部，盖中央为四阿式屋顶状（"阿"是屋顶的曲檐，"四阿"就是四面坡式的曲檐屋顶）的盖钮，以钮为中心装饰对称的两对儿雷纹，象征着鸮的角。器腹为两只鸮的身体，装饰有卷曲羽翼纹，象征着鸮的翅膀。鸮身下为抓地四爪，两两相背，栩栩如生。

鸮形器物早在新石器时代就有制作，常见的主要是鸮尊和鸮卣。商人对鸮很是推崇，以鸮为造型的器物和纹饰更是屡见不鲜，最有名的当属殷墟妇好墓中出土的鸮尊。周灭商后，鸮在器物上的形象渐渐消失，取而代之的是周人崇拜的凤鸟。

◎ 鸮卣 商代 现藏山西博物院

（五）觥 [gōng]

> 跻彼公堂,
> 称彼兕觥,
> 万寿无疆。

1. "觥"字古文怎么写

《说文解字》中没有"觥"字,但有"觵 [gōng]"字:"觵,兕 [sì] 牛角可以饮者也……觥,俗觵,从光。"意思是觵是一种用兽角制作的饮器,而"觵"和"觥"是异体字,其中"觵"是正体,"觥"是俗体,都是以"角"为形（意）符。后来,大概为了书写方便,声符从"黄"变成"光"。

甲骨文中"觵"写作 或 ,像牛角杯形,应当就是"觵"的初文。小篆中"觵"和"觥"分别写作 和 。

2. 由字到物——"觥"是什么样的器物

觥在文献中常被称为"兕 [sì] 觥"。关于"兕",文献中的记载是"兕,如野牛而青",或者"兕也,似水

39

牛，青色，一角，重三千斤"。指的是长有独角、外形似牛的一种动物。因此，文献中的"兕觥"就常被解释为牛角制成的角状饮酒器。

由于目前尚未发现自名为"觥"的器物，主要依据宋代金石学著录，将一类椭圆形腹、圈足或四足，前有短流、后有半环状鋬手，有盖，盖为带角兽首形的青铜器称为觥。

最初，"觥"类器物可能就是用兕角制作而成，外观也像兕角的样子。而随着"兕"这种动物的消失，"觥"的材质和外形都慢慢发生了变化：借鉴常见的牛、羊、虎、鸟、象、鸡等动物形象，形成了糅合多种动物形态的青铜兽形觥。

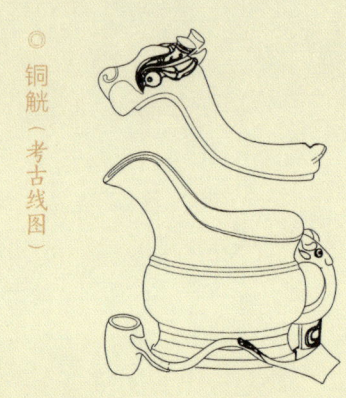

◎ 铜觥（考古线图）

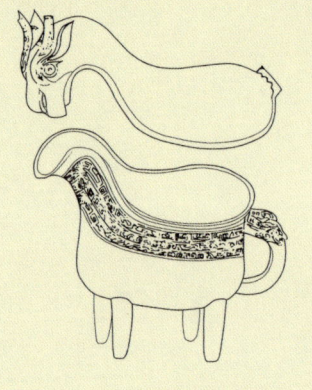

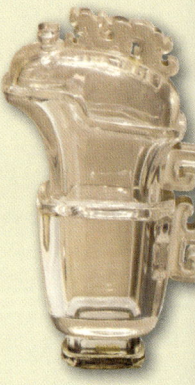

◎ 水晶仿古兕觥　清代
现藏 故宫博物院

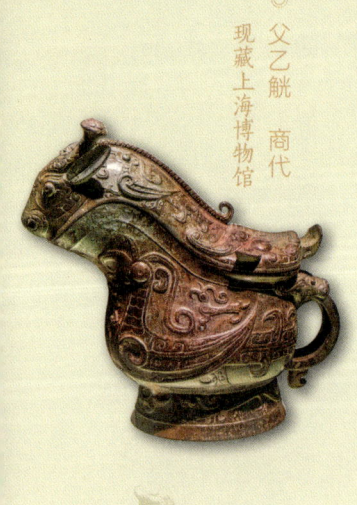

◎ 父乙觥　商代
现藏上海博物馆

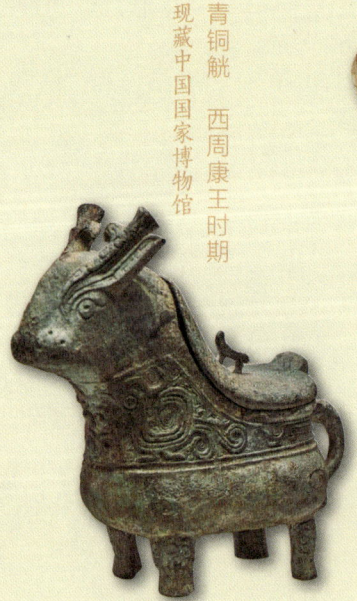

◎ 青铜觥　西周康王时期
现藏中国国家博物馆

◎ 黄玉谷纹觥　宋代
现藏天津博物馆

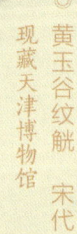

3. 透物见史——"觥"的功能与使用

《诗经》中记："我姑酌彼兕觥，维以不永伤。"意思是说：让我姑且饮酒作乐，唯有如此才不会永远伤悲。《醉翁亭记》中说："宴酣之乐，非丝非竹，射者中，弈者胜，觥筹交错，起坐而喧哗者，众宾欢也。"欧阳修眼中的宴席之乐，不在于丝竹管弦的雅音，而在于酒杯和酒筹交换间的纵情欢乐。

商周时期，青铜觥是一种重要的酒器，多用于宴飨、朝聘、会盟等重要的交际礼仪场合，是一类高规格的青铜用具。

在产生之初，觥仍接近兕角形时，体积不大，方便手持，可直接用于饮酒。文献中还有觥用于罚酒的记载，如《诗经》中："觵，罚爵也，以兕角为之。字又作觥。"

到了觥主要流行的商代中期至西周早期，大部分铜觥的形制是上带盖、下有足，尾部有鋬手，流口延伸至背部，更可能是盛酒器而非饮酒器。如山西石楼出土的商代龙形觥，虽然仍能看出角形觥的影子，但身下有放置稳定的矮圈足，且体积较大，都证明其已经不适于再作为饮酒器使用，而更便于放置和盛放酒。

◎ 凤纹铜牺觥 商代
现藏上海博物馆

◎ 龙形铜觥 商代
现藏山西博物院

4. 一字一物——作册折觥

1976年，在陕西宝鸡扶风县庄白村南发现一处西周时期青铜器窖藏，共出土铜器一百零三件，是中华人民共和国成立以来出土铜器数量最多的一处。作册折觥便是其中之一。

作册折觥属青铜觥中少见的方形觥，分为器盖与器身两部分。盖的头端为昂起的兽形，长有两只巨大弯角，两角之间夹饰一个兽面。颈部扉棱作龙形，两侧各饰一条卷尾顾首的龙。器身方颈鼓腹，前有流，后有鋬，鋬上部为龙角兽首，中部为鸷[zhì]鸟（猛禽），下部为象。器身纹饰分为三层，以兽面纹、夔纹为主纹，云雷纹为地纹。其间配以象、蛇、鸮等动物，形态逼真。

觥的器底和器盖刻有相同的铭文，均为六行四十字，是目前发现的铭文最长的觥类器物。铭文大意是：昭王十九年五月戊子这天，王在"厈[hàn]"这个地方，命令"作册折"去为相侯赠望土，同时，昭王又给"折"赏赐了许多青铜和奴仆。"折"于是为父亲铸造了这件祭器觥，以作纪念。因铸造器物的人是"作册折"，这件器物便被称为"作册折觥"，或"折觥"。因有"昭王十九年"的准确纪年，折觥是目前青铜器断代的标准器之一。

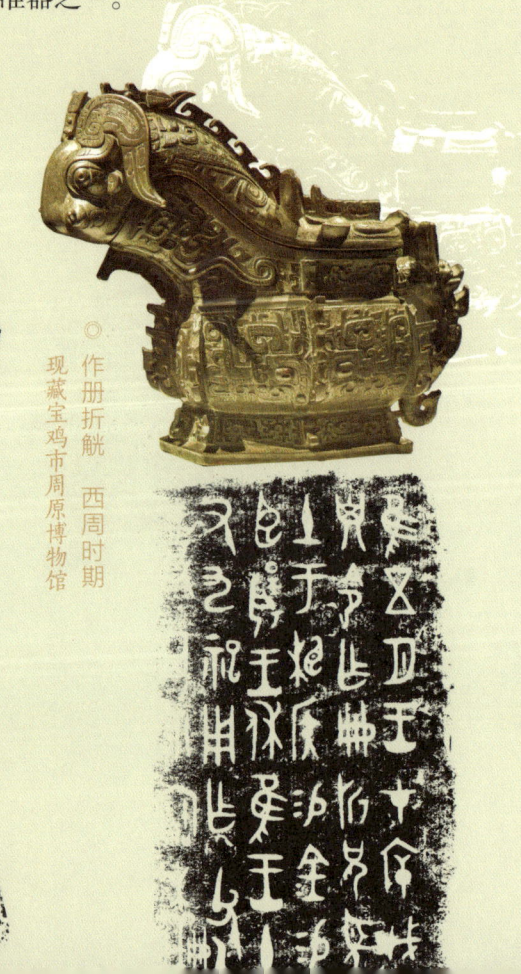

◎ 作册折觥 西周时期 现藏宝鸡市周原博物馆

（六）觚 [gū]

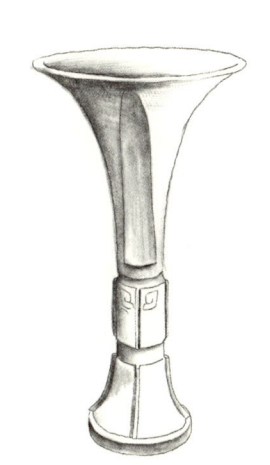

> 尧舜千钟，
> 孔子百觚。

1. "觚"字古文怎么写

《说文解字》中记："觚，乡饮酒之爵也。"段玉裁注："乡，亦当作礼。"也就是说觚是古代礼仪中的一种饮酒器。但"觚"字仅见于文献记载，甲骨文和金文中都尚未见到明确的"觚"字。

从现今所存传世和出土的铜觚来看，其上铭文绝大部分一至三字，多是族徽、族名或做器者的名字，尚未见自名。因此，仅可从小篆中看到"觚"字写作觚，汉简中写作觚，现在写法与它们一脉相承。

2. 由字到物——"觚"是什么样的器物

由于青铜器铭文中不见"觚"字，"觚"类器物的命名主要是依据宋代金石学名录。宋人当时命名的依据主要有两

◎ 铜觚（考古线图）

◎ 掐丝珐琅缠枝莲纹出戟花觚　明代　现藏故宫博物院

◎ 青花缠枝莲花觚　清代　现藏中国国家博物馆

◎ 三螭纹玉花觚　清代　现藏上海博物馆

个：一是依据容量，"一升曰爵，二升曰觚，三升曰觯[zhì]，四升曰角，五升曰散"，认为觚的容量是二升；二是根据"觚，棱也"的字义，认为觚是有棱的器物。

现在看来，将容量为二升且有棱作为判定觚的标准不一定确切。但将一类长筒状身、喇叭形口、斜坡状高圈足的器物叫作"觚"，已约定俗成。

2009 年，在西安发现一件西周早期的"觚"形器，喇叭口，长颈，腹部略粗，喇叭形高圈足，腹部和圈足铸有四道扉棱。圈足内壁铸 14 字铭文："成王赐内史亳丰裸，弗敢豦，作裸同。""裸"指的是古代用香酒灌地的一种祭礼。"裸同"，是用来裸祭的"同"。因此"同"应该是这件酒器的自名。

"内史亳丰同"的出现纠正了宋人的定名，这种长筒大口，斜坡状高圈足的器物其实应名为"同"。但由于"觚"的名称由来已久，在绝大多数博物馆中仍被继续沿用。因此下文仍暂以"觚"称呼。

◎ 灰陶觚　夏代　现藏河南博物院

◎ 兽面纹铜觚　清代　现藏颐和园博物馆

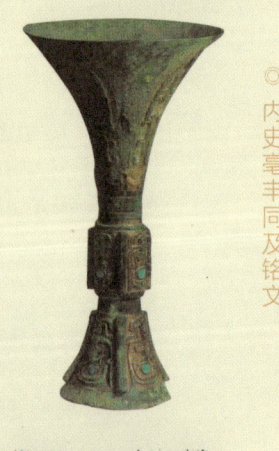

◎ 内史亳丰同及铭文

3. 透物见史——"觚"的使用与礼仪

觚的材质多样，新石器时代已经出现了陶觚和漆觚。商代时仿照陶觚产生了铜觚。铜觚盛行于商代，西周早期逐渐衰落，至西周后期已经罕见，但漆觚仍有使用。宋元明清时期，仿照铜觚制作的瓷觚、玉觚流行。

孔子曾感叹说："觚不觚，觚哉！觚哉！"朱熹注曰："不觚者，盖当时失其制而不为棱也，觚哉，觚哉，言不得为觚也。"是说春秋时期，礼崩乐坏，孔子气愤地慨叹这种状况。这里用觚指代当时的礼制，也说明了它在礼制中的重要地位。

文献中有"执觞、觚、杯、豆而不醉"的记载，再结合考古发现我们可以知道，在商代礼制中，铜觚多与铜爵和铜斝配套使用，三者形成了较为稳定的酒器组合：爵是三足有流的酒杯，应该是温酒器兼饮酒器；斝体型较大，应该是温酒器兼盛酒器；而觚就应该是饮酒器，相当于酒杯。

到了商代后期，铜觚的口部极度外张而器腹缩小，导致其容量变小，如果仍用来饮酒很容易洒出。以此推测，此类型觚可能主要用于祭礼时供祭摆放，原本用于饮酒的功能或被铜觯、觚形杯、漆杯等代替。

◎ 蕉叶纹铜觚　商代
现藏河北博物院

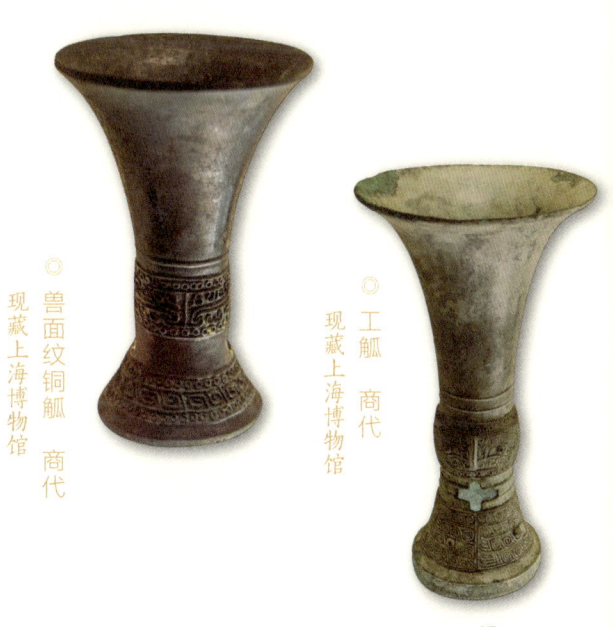

◎ 磨光黑陶觚　夏代
现藏河南博物院

◎ 兽面纹铜觚　商代
现藏上海博物馆

◎ 工觚　商代
现藏上海博物馆

4. 一字一物——敄[móu]父方觚

敄父方觚，2006年出土于山西绛县横水墓地，时代为西周时期。这件方觚原本被命名为"夔龙纹觚"，后在方足内发现九字铭文和族徽，根据铭文内容重新定名为"敄父方觚"。

觚有圆形和方形两种样式，方觚数量相对较少。敄父方觚四周出扉棱，整器分为明显的上、中、下三部分。上部为大撇口、长颈，外饰蕉叶形兽面纹，下饰凤鸟纹；中部为直腹，外饰兽面纹；下部为方足略外撇，饰凤鸟纹和兽面纹。

出土方觚的墓地为西周时期倗[péng]国国君、夫人及其国人的墓地。倗是商代鬼方的后裔，属文献记载的赤狄族群之一；倗氏最迟在晚商时期已经融入中原文化，受到商文化的深刻影响，其原本可能是商的属国或盟国，周灭商后归顺于周，后被迁置到这里。到了春秋早中期之际，墓地不再使用，倗国可能被晋国吞并而灭亡，也可能迁徙他处。

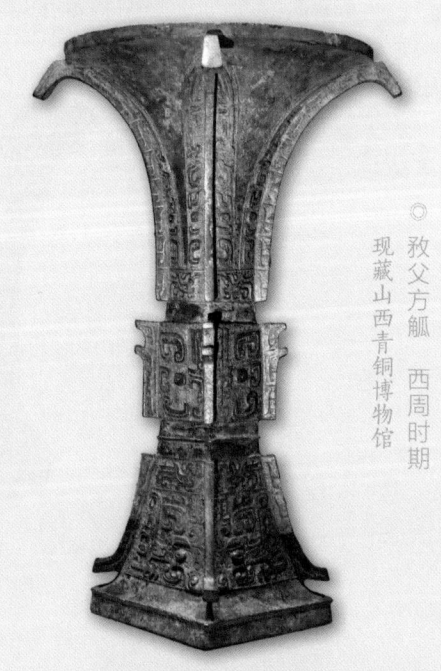

◎ 敄父方觚 西周时期 现藏山西青铜博物馆

三 乐器

（一）镈 [bó]

> 振以特磬，声以镈钟。

1. "镈"字古文怎么写

镈在古代也写作"鏄"。《仪礼》中描述了庙堂之上各类乐器的摆放位置，其中就包括"鏄"："笙磬西面，其南笙钟，其南鏄，皆南陈。"贾公彦疏曰："鏄本又作镈，音博。"《说文解字》中对"鏄"的解释是："大钟。"

春秋战国金文中镈有 等多种写法，小篆写作 镈，都用"金"表示这类器物的材质，用"尃"表示读音。

2. 由字到物——"镈"是什么样的器物

《古今乐录》中记："凡金为乐器有六，皆钟之类也，曰钟，曰镈，曰錞，曰镯，曰铙，曰铎。"就是说在"钟"这个总的名称下，实际包含了若干不同的青铜乐器，其中就包

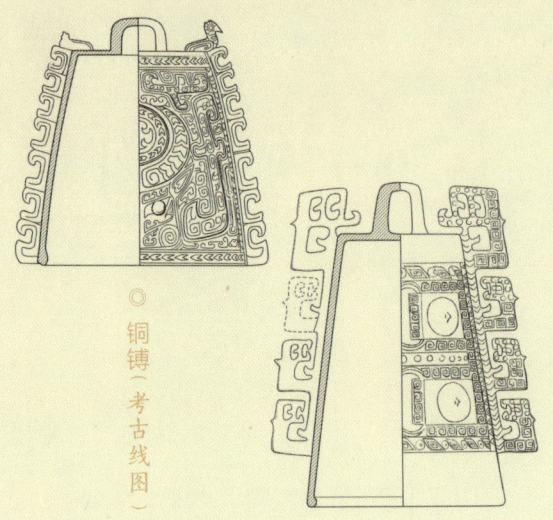

◎ 铜镈（考古线图）

◎ 牛面兽角纹铜镈 商代 现藏江西省博物馆

◎ 虎戟镈 西周时期 现藏故宫博物院

◎ 青铜蟠螭纹编镈之一 春秋时期 现藏故宫博物院

◎ 硬陶钮镈 战国时期 现藏南京博物院

括镈。

《周礼》中记载"镈师中士二人"，郑玄注："镈如钟而大。"说的是镈的形制与钟相似，但又不完全相同。

从自名为"镈"的器物形制看，镈和钟的口部形状不同，钟的口沿呈弧形，而镈则多为平口。镈的器身横截面多呈扁椭圆形，少数合瓦形（即两片瓦扣合在一起的形态），顶部器钮多附有盘曲堆垛的兽形纹饰。器钮中部开孔，主要用于悬挂使用。

3.透物见史——"镈"的使用与礼仪

镈出现于商代晚期，盛行于春秋战

国时期，是一种悬挂在乐器架上使用的打击乐器。作为乐器的镈，最初用途和鼓相同，是用来打击节奏的，也就是文献中记载的"奏乐以鼓镈为节"。战国时期除了铜镈外，还出现了仿铜陶镈，作为随葬礼器。

在商和西周时期，镈多为单件使用，即所谓"特镈"。如文献记载，祭祀宴飨时："钟、磬编悬，镈特悬，位于钟磬之南，所以应钟磬也。"从发掘出土的实物资料看，曾侯乙墓全套编钟有六十四件钟，而仅有一件铜镈。

最迟至春秋中晚期，编镈已从仅用来演奏骨干低音的和声乐器，发展成为一种与编钟相当的旋律乐器，常常以若干件组成编镈与编钟配合使用（也多配以石磬）。山西太原晋国赵卿墓出土的十九件编镈，经检测，音质基本完好，整套镈可奏出三十八个音，形成六个八度半的整齐音列。用这套编镈还能够演奏多部当代歌曲，旋律优美，音质清澈悦耳。

当多个音色可形成序列的镈同时排列使用时，镈在乐队中的作用就从打击节奏发展为能够演奏旋律。但由于镈的形制特点，它发音后尾音延长，所以当连续敲击数枚时，会造成不同音频混音，由此编镈不适于独自演奏旋律变化较快的乐曲。

◎ 硬陶镈 战国时期 现藏南京博物院

◎ 蓬子受铜编镈 春秋时期 现藏河南博物院

4. 一字一物——秦公镈

1978年，在陕西宝鸡太公庙一个地窖中发现了八件青铜器，分别是五件铜钟和三件铜镈。五件铜钟呈一字形排列，三件铜镈呈半圆形围绕铜钟。三件铜镈形制纹饰完全相同，据铭文可知为秦武公铸造，因此被称为"秦公镈"。

秦公镈造型雄伟。镈身共有四道扉棱，左右两道扉棱是九条盘曲的飞龙，前后两道扉棱则由五条飞龙和一只凤鸟盘曲而成。器顶一龙一凤背向回首，栩栩如生。器身装饰勾连龙纹、变形蝉纹、窃曲纹等纹样，构思细密，工艺精湛。

比起精美的造型和纹样，秦公镈身上的一百三十五

字铭文更为重要。铭文大意是：我的先祖襄公接受天命，被授予了国家、土地和臣民。功业昭著的文公、静公、宪公勤勉为政，没有辜负上天和先祖的期望，光明显赫，并小心谨慎地处理与周围部族、方国的关系。

经过考证，铭文中的"我"是秦武公，着重记载的是先主秦襄公被"赏宅受国"之事。公元前770年，秦襄公因护驾周平王东迁有功，平王把岐山以西的土地赐予秦国，从此秦正式建国。虽然秦襄公在位时间不长，但他开创的基业为秦国的发展和强盛奠定了基础。秦公镈的发现有力地证明了秦国历史的真实性，为历史研究提供了宝贵的实物资料。

○ 秦公镈　春秋时期
现藏宝鸡青铜器博物院

（二）钲 [zhēng]

✦✦✦✦✦

> 钲以静之，
> 鼓以动之。

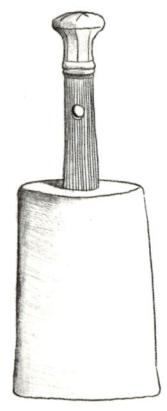

1. "钲"字古文怎么写

《说文解字》中对"钲"字的解释是："钲，铙也。"又有对"铙"的解释："铙，小钲也。"按照这种说法，钲和铙形制相近，只是铙小钲大，靠大小来区分。

目前，"铙"尚未见到有自名的，而"钲"却有。春秋战国金文中钲字写作 钲 或 钲，小篆中写作 钲。左侧"金"表明材质，右侧 止 表读音。

在金文中，"钲"的自名为"钲铖"或"钲城"。在文献中，"钲"也被称为"丁宁"。"钲铖"和"丁宁"古音相近，研究认为，"钲"应当是"钲铖""丁宁"的合音，放慢读就是"钲铖""丁宁"。所以"钲"这件器物可能是因为自身的发音而被命名的。

2. 由字到物——"钲"是什么样的器物

由于钲是以声音命名，字形与器形的联系较少，我们主要通过器物自名来辨别。目前发现的钲都是铜质，时代多集中于春秋战国时期。从器形上看，钲整体偏狭长，腔内无舌，柄部大多为实心，可以手执；有的柄部有孔或钮，也用于悬挂。

从自名为"钲"的器物铭文书写方向看，钲的使用应当既可口朝上又可口朝下。当持鸣（持于手中敲击发声）或植鸣（将柄插入木座中敲击发声）时，

◎ 自名"钲"（拓片）

嵩君征鈚　郘䤜尹征城　冉征鈚

◎ 铜钲（考古线图）

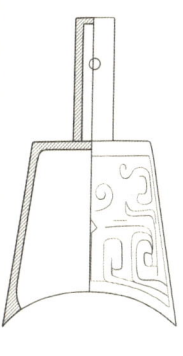   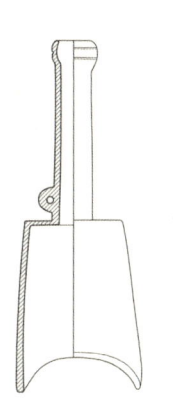

◎ 铜钲　战国时期　现藏中国国家博物馆

◎ 兽面纹钲　东周时期　现藏陕西历史博物馆

◎ 虎纹铜钲　战国时期　现藏陕西历史博物馆

◎ 原始瓷钲　战国时期　现藏无锡博物院

柄部朝下口部朝上；当悬鸣（悬挂敲击）时，则为口部朝下柄部朝上。

3.透物见史——"钲"的使用与礼仪

在文献记载中，钲主要是作战时使用的军乐器。《诗经》中说："钲人伐鼓。"《毛传》记载："钲以静之，鼓以动之。"《周礼》中也记载："以金镯节鼓。"郑玄注曰："镯，钲也，形如小钟，军行鸣之，以为鼓节。"大意就是说在作战时用钲配合鼓来指挥军队的行动，钲声可以节制鼓声，以此节制行军步伐。

军队中配置的钲的数量、位置都有明确的规定。宋代《武经总要》中记载："若六军，则每军鼓十三、钲二、大角四，其并止于其军后表之下。""诸军行止，视大将之旗。金钲鼓角，陈之于牙旗之左右。"明确了钲作为辅助指挥军队进退的乐器，陈列在主将的牙旗左右。

用于军乐器的钲一般内壁光平，多与鼓、錞于或兵器仪仗共同出土，铭文也多与军事有关。而除了用作军旅外，钲也可以用于祭祀或宴享时演奏。也有的与编钟等编悬乐器共同出土，有些内壁有用于调音的音脊（如王纹铜钲），都可佐证钲的用途。可见钲应当是军、乐两用乐器。

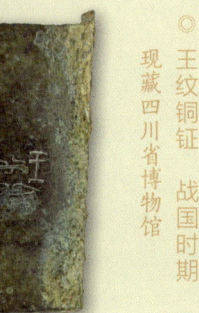

◎ 王纹铜钲　战国时期　现藏四川省博物馆

◎ 虎纹铜钲　战国时期　现藏湖南省博物馆

◎ 可能为钲的使用方式（置于鼓下）见于山西潞河出土的铜匜图案

◎ 虢太子墓铜钲　春秋时期
现藏中国国家博物馆

4. 一字一物——虢太子墓铜钲

1956年，河南三门峡上村岭虢太子元墓出土了一件春秋早期的铜钲，是现知年代最早的钲。

这件铜钲铜质优良，形制为合瓦形，横断面接近椭圆形，两侧起棱。柄为管形，虽中空但不与腔体相通。器身两面通体饰卷龙纹，内壁光素无脊。

上村岭虢国墓地共出土了三例铜钲，同一个墓中均有编钟类的编悬乐器共同出土，因此也可证明这些钲是属于军、乐两用乐器。上村岭铜钲之后，时代较晚的铜钲，在南北广大地区有着各不相同的发展，但都未脱离虢太子墓铜钲的基本形制。

（三）铙 [náo]

文场刊玉篆，武事掌金铙。

1. "铙"字古文怎么写

《说文解字》中说："铙，小钲也。军法卒长执铙。从金尧声。"目前，虽然没有发现金文中的"铙"字，但我们可以从其他地方找到它的身影。在楚系简牍中"铙"写作 ，小篆中写作 ，马王堆汉墓简牍中写作 。这些字形有着类似的构造，都以左侧"金"表明材质，右侧"尧"表读音。《释名》中记载："铙，声铙铙也。"可能是说"铙"的得名就是因为声音像"铙铙"。

2. 由字到物——"铙"是什么样的器物

钲作为器物名称最早见于《诗经》，而铙则是战国晚期至秦汉时才有的名称，而且两者的形态差距也不仅在于器物大小：相比于钲较为狭长且具有实心柄的整体形态，铙的器形大多短阔且柄为中空，形体扁圆呈合瓦形。两者腔内都没有舌。

从现有考古发现来看，铙都是铜质，有多件铜铙出土时柄部仍残存有朽木。铙主要流行于商至西周时期，按整体器形大小可分为小铙和大铙。其中，小铙只有

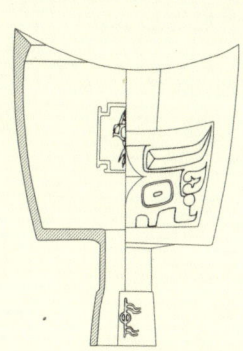

◎ 铜铙（考古线图）

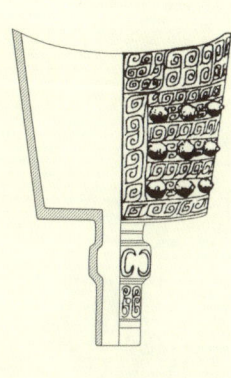

简单的兽面纹或线条纹，有的有铭文，常常成组出现，可以安上木柄手执而鸣，也被称为"执钟"，多流行于中原地区；而大铙则形体高大厚重，纹饰繁复，有特有的兽面纹、多云纹、乳钉等饰纹，只能放置于木座上敲打，往往单个出土，多流行于南方地区。从铜铙上的铭文书写方向看，铙的使用应当是口朝上柄朝下。

◎ 带有铭文的铙（拓片）

◎ 象纹大铜铙 商代 现藏中国国家博物馆

◎ 青铜兽面纹铜铙 西周初期 现藏南京博物院

◎ 亚酗铙 商代 现藏上海博物馆

◎ 兽面纹大铜铙 商代 现藏故宫博物院

○ 云纹铜铙　西周时期　现藏浙江省博物馆

3. 透物见史——"铙"的功能与使用

和钲一样，文献记载铙主要也是用于行军使用的乐器。《周礼》中记载："以金錞和鼓，以金镯节鼓，以金铙止鼓，以金铎通鼓。"可见铙主要用以止鼓，命令士兵停止进击。郑玄注："铙，如铃，无舌有秉，执而鸣之，以止击鼓。"贾公彦疏："是进军之时击鼓，退军之时鸣铙。"都说明铙是古代军队中用来指挥进退的器具。

这一用途与铜铙在墓葬中常与车马器或兵器一同出土的情况相吻合。

除用于军旅外，铜铙也用于祭祀宴飨。其中，大铙多出自窖藏，出土位置多在山顶、山麓或河边，可能与祭祀山川、湖泊、风雨、星辰等活动有关。而小铙的礼乐功能则更多地体现在多件一组的编铙上。

编铙指的是大小相次、成组排列的铙，已构成一定的音律关系。使用时一般为植鸣，即铙口向上放置于木柱之上，敲击铙沿而得声。编铙是中国最早出现的青铜钟类乐器中有一定音律关系的定音编组乐器。编铙的成组出现，说明商代人在设计和制造铙的时候，已基于礼仪而有了一定的旋律需要。

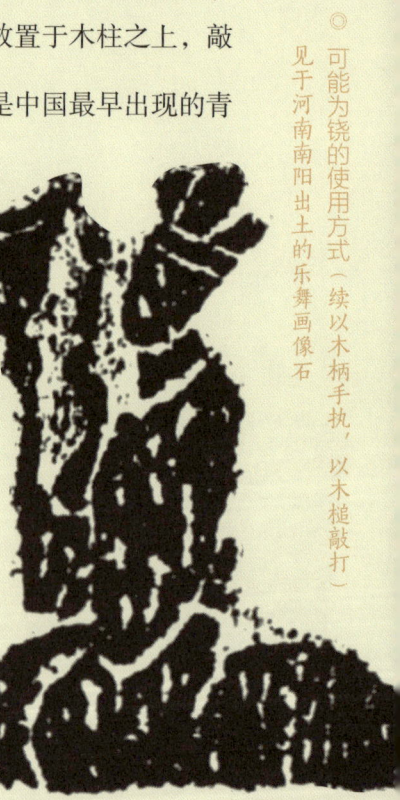

○ 可能为铙的使用方式（续以木柄手执，以木槌敲打）见于河南南阳出土的乐舞画像石

○ 刘贺墓铜铙　西汉时期　现藏南昌汉代海昏侯国遗址博物馆

○ 编铙　商代　现藏中国国家博物馆

4. 一字一物——亚弜[jiàng]编铙

1976年，河南安阳殷墟妇好墓出土了五枚一套的编铙。五件铙形制、纹饰相同，大小相次。器身两面饰回字形凸弦纹，其中最大两件内壁均有铭文"亚弜"二字，因此被称为亚弜编铙。亚弜编铙是商武丁时期的标准器，也是商代编铙中编组件数最多、断代最为可靠且年代也较早的标本。

中国古代传统音律为五声音阶，最常用的主音有五个，即宫、商、角、徵[zhǐ]、羽，相当于西乐中的"do、re、mi、sol、la"。经测音，亚弜编铙已构成一个四声徵调式音阶，能发出相当于现在C调的sol、la、do、fa、sol五个音。

以往发现的商代编铙多为三件一组，亚弜编铙是目前发现的唯一一组五件的商代编铙。在商代晚期铭文中，"亚"字经常出现，多认为是一种武职官名，而"弜"则是族名或国名。这组亚弜编铙或为献给商王室的贡品。

妇好墓中除出土编铙外，同时还出土了编磬、埙等乐器。它们是当时通行的一种乐队编制和配器方式，为商王及贵族所享有。

亚弜编铙 商代 现藏中国国家博物馆

（四）铎 [duó]

> 歌者齐弦，舞者振铎。

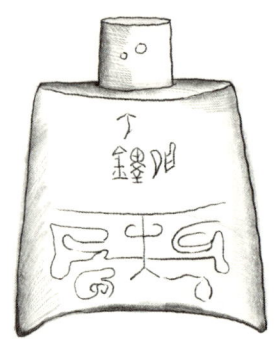

1. "铎"字古文怎么写

《说文解字》中对"铎"字的解释是："大铃也。军法：五人为伍，五伍为两，两司马执鐸（铎）。从金睪声。"就是说铎是一种大型的铃，在军队中由"两"的长官——司马所持。

"铎"字为会意字，古文字中写作"鐸"，后简化为"铎"。在春秋战国金文中有 等多种写法。在战国秦简中写作 ，小篆中写作 。左侧的"金"表示金属材质；右侧的"睪 [yì]"在战国时写作 、 ，原意为目视、伺视，引申为依据命令采取行动，表明了"铎"的用途。

2. 由字到物——"铎"是什么样的器物

从自名为"铎"的器物看，其形制

与《说文解字》中"大铃"的描述相符。铎的腔体一般较为短阔,腔体内有舌;横截面作合瓦形;口沿稍内凹,近似于铃而比铃大;顶部有中空的短柄可以安木柄,也有的直接铸出长柄,用来手持摇动。与钲、铙最大的不同在于铎腔内有舌,振之可发声,属摇奏乐器。而钲、铙无舌,敲击发声,属于打击乐器。

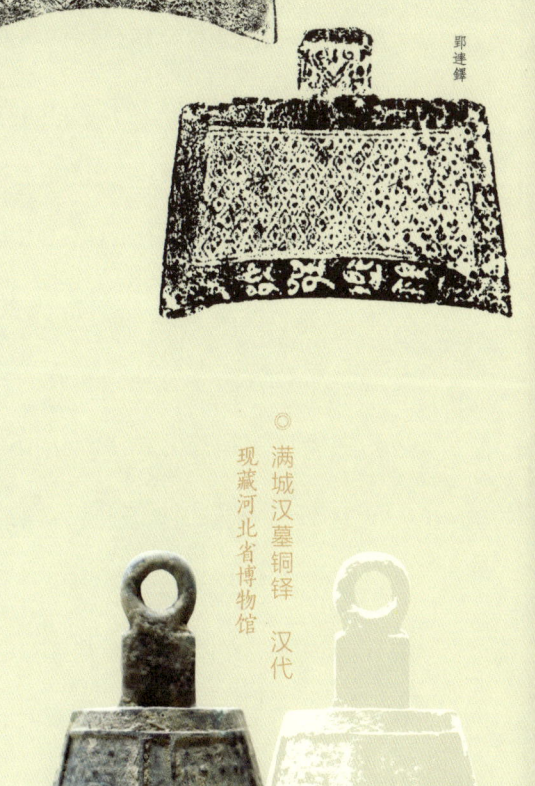

◎ 自名「铎」(拓片) 外卒铎 郘逹铎

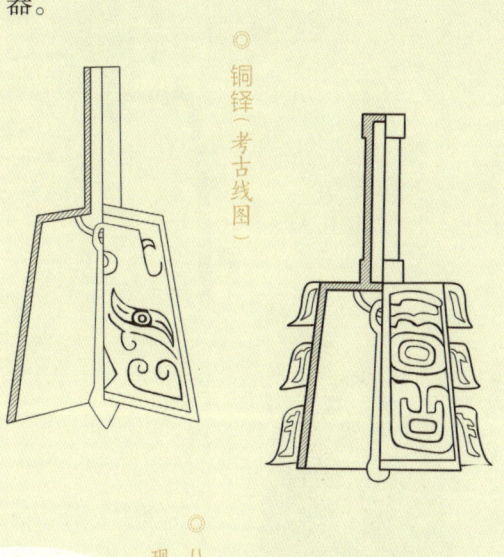

◎ 铜铎(考古线图)

◎ 满城汉墓铜铎 汉代 现藏河北省博物馆

◎ 八角村铜铎 魏晋时期 现藏石景山博物馆

◎ 辽南京铜铎 辽代 现藏首都博物馆

3. 透物见史——"铎"的使用与礼仪

铎主要流行于两周至秦汉时期。据文献记载,铎有木铎和金铎两种,它们的用途也有所不同。《周礼》中记载"徇以木铎"。郑玄注释说:"古者将有新令,必奋木铎以警众,使明听也。木铎,木舌也,文事奋木铎,武事奋金铎。"就是说宣布政教法令时使用木铎,军事作战指挥时使用金铎。孔子在世时被尊为"天之木铎",赞颂了他教化民众的行为。

目前,考古发现的多为铜质的"金铎"。《周礼》中有"以金铎通鼓"的记载。同时,还有"卒长执铙,两司马执铎,公司马执镯""鼓人皆三鼓,司马振铎,群吏作旗,车徒皆作"的记载。古代二十五人为两,两司马类似于排长之职。鼓人则是指中军将帅。中军将帅三次击鼓,两司马振铎以传令击鼓,战旗飘起,车马前行。说明金铎是在军阵中用以起众的军用乐器,也就是典籍中常见到的"奋金铎""振铎"。

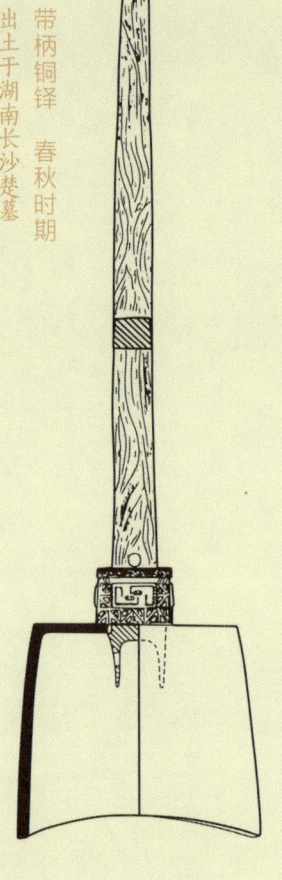

◎ 带柄铜铎 春秋时期 出土于湖南长沙楚墓

◎ 中山墓铜铎 东周时期 现藏河北省博物馆

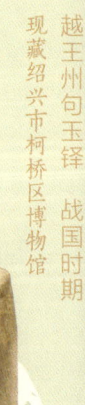

◎ 越王州句玉铎 战国时期 现藏绍兴市柯桥区博物馆

○ 外卒铎 战国时期 现藏故宫博物院

4. 一字一物——外卒铎

外卒铎为传世旧藏，是目前少数几件自名为"铎"的器物。外卒铎剖面呈梯形，横截断面呈合瓦形；上部有中空方形短柄，能装纳木柄，柄的中间另有一个可以固定续木的穿钉。铎口部呈凹弧形，腔内有小环为舌，前后两面均饰有细线兽面虎纹。正面铸有铭文"囗外卒铎"，背面偏右上部有錾款"锺尹"。"锺尹"两字为后加刻，为官名，可能是监制铜器类乐器和铸钱的官员。

外卒铎的腔内环舌为铜制，属"金铎"无疑。而对于文献中的木铎则有两种观点，一种认为是铎舌为木质，一种认为是铎身为木质，目前尚未得到证实。